チベット亡命政権ジュネーブ支局
ダライ・ラマ法王日本代表部事務所［訳］

チベット侵略

100 Atrocities of CCP in Tibet

中国共産党 100の残虐行為

飛鳥新社

チベット侵略

中国共産党100の残虐行為　目次

第1節

1950年 中国共産党のチベット侵攻と残虐行為の開始

第2節
「民主改革」か死の呪文か終わりなき抑圧1949〜1979年

第3節
漢民族流入と中絶強要・不妊手術・嬰児殺し

第4節 チベット仏教への迫害

第5節 チベット語と文化、アイデンティティの根絶

第6節 既得権化する開発、経済的疎外感、強制労働

第7節 環境の悪化と気候変動

第8節 チベットの政治犯と拷問による死亡者

第9節 チベットにおけるその他の人権侵害

第10節 チベット人の蜂起と焼身自殺

はじめに

２０２１年、中国共産党が創立１００周年を迎えました。本書は、同党が１００年続いたのは成功の証ではなく、国内の人々の自由を抑圧し、支配することで成し遂げられたのを、忘れないための記録です。この抑圧的な支配は、チベット、東トルキスタン、南モンゴルなどの、中国共産党の支配地域で最も顕著《けんちょ》です。

このハンドブックは、中国共産党の占領以来のチベットで起きた残虐《ざんぎゃく》行為を詳《つまび》らかにし、中国共産党がその暴力的な歴史を消し去ろうとしていることに異議を申し立てます。また、中国共産党の過去の政策や現在進行中の政策によって、数え切れないほどの人命が失われ、文化、環境、言語、宗教、そして何世紀にもわたる遊牧民の生活習慣が失われたことについて、中国共産党に反省を促すのを刊行の目的としています。本書では、そうした出来事を歴史的に辿ることで、中国共産党が「１００周年記念」の一環として推進するあらゆるプロパガンダに対抗します。

私たちは、１９４９年以降、中国共産党がチベットで行った残虐行為を、報告書、書籍、その他のアーカイブから引用してまとめました。掲載された１００の残虐行為は、現地で起こったことすべてを網羅《もうら》してはいません。チベットやその他の中国共産党が支配し抑圧する地域で行われた、残酷で無差別な犯罪行為の代表的なものを紹介し、読者が中国共産党の統治とその継続性に疑問を持つことを期待して編纂《へんさん》したものです。

それは残虐行為の歴史であると同時に、チベット人が中国共産党に対して示した勇気と継続的な抵抗の物語でもあり、そこには希望のメッセージがこめられています。中国共産党が都合よく赤いカーテンを引いて、何十年にもわたる現地での恐怖を無かったことにしてしまうのを阻止し、彼らの残虐行為に異議を申し立てます。

ダライ・ラマ法王代表部事務所および中央チベット政権　中・東欧地区代表部事務所

ジュネーブ支局

日本語版によせて

２０２１年7月1日、中国共産党創立１００周年を迎え、習近平国家主席は天安門広場から1時間にわたって自慢たっぷりに、国際社会を攻撃する激しい口調で演説を行い、国民を煽動《せんどう》しました。中国共産党の努力と貢献が「中国の国家と国民に偉大で輝かしい成果」をもたらしたと賞賛し、１００年の間に成し遂げた大規模な発展と現代中国を誇りました。中国共産党がいかに幸福をもたらし、外国の帝国主義者や貧困から人民を救ったかを人民に再確認させようとしたのです。

「中国人民は、いかなる外国勢力も我々を脅かし、抑圧し、隷属《れいぞく》させることを決して許さない。そのようなことをしようとする者は、14億人以上の中国人民が肉と血で築いた鋼《はがね》の長城《ちょうじょう》に頭をぶつけ、血まみれになるだろう」と国際社会に警告し、威嚇《いかく》しました。

14億人のリーダーがこのような傲慢《ごうまん》な態度で公式に国民を煽動し、外交上の礼儀を無視したことは非常に残念で、哀れなことです。これは、習近平の弱さと不安定さを裏付けるものです。

今回の演説の目的は、①中国共産党の支配を正当化すること、②漢民族のナショナリズムを喚起《かんき》すること、③自由民主主義世界に向けて尊大な発言をすること、の3つに分けることができます。

習近平がどんな輝かしい主張をしたとしても、真実は「輝かしい成果、幸福、自由の100年」ではなく、「血まみれの恐怖、苦しみ、大量虐殺の100年」だったのです。大躍進《だいやくしん》政策と中華人民共和国大飢饉（1956―61年）による4300万人以上の死者、約2千万人の命を奪った文化大革命、1989年の天安門広場での数千人の中国の若者の殺害など、すべてが演説からは消えていました。謝罪や反省の言葉もありません。

中国共産党創立100周年を祝っているのは、中国人民ではなく、中国共産党とその私兵である人民解放軍であることをはっきりさせておきたいと思います。習近平は、演説の中で何度も中国人民と中国共産党を同一視しています。これは、中国人民や国際社会を誤解させる意図的な試みです。

中国人民は他国の国民を脅かし、抑圧し、服従させたことがないと主張しますが、チベット、東トルキスタン、満州、南モンゴルなど他国の国民を脅かし、抑圧し、服従させたのは、中国共産党とその私兵である人民解放軍です。

中国共産党のチベット占領以来、チベット人にとって祖国の地は生き地獄となりました。120万人以上の人々が亡くなり、約6千の僧院が破壊され、何千人もの僧侶や尼僧が地位を奪われました。チベット高原の軍事化は今まさにピークを迎えています。

過去70年間はチベット人にとって、残酷な占領と文化的大虐殺の時代でした。中国はチベットが中国の一部となった1951年の中共・チベット17ヶ条協定の合意について語ります。しかし、実際には17ヶ条協定の中身は強制的な合意であり、しかも中国共産党自身が協定での約束を反故《ほご》にしたのです。もし中国がこの協定によってチベットを占領する正当性を主張するのであれば、この協定の約束を守るべきです。

中国共産党が100周年を迎えるにあたり、チベット、ウイグル、南モンゴル、香港、そして中国の心ある人々は、抑圧的な体制の下で亡くなった人々や、今も苦しんでいる人々を追悼し、祈りを捧げています。中国共産党指導部がそれらの地域にもたらした残酷な死と苦しみを嘆き、非難しています。

私たちは中国共産党指導部にチベット人がいかに苦しんできたかを再認識してもらうため、中央チベット政権ジュネーブ支局と共同でこのハンドブックを作成しました。自由で民主的な国家がこれ以上沈黙することは、中国共産党指導部をますます増長させ、チベット、ウイグル、南モンゴル、香港でさらなる抑圧的な施策を進行させるだけです。

2019年、中国から流出したとされる新型コロナウイルス感染症の大流行に、世界はいまだに苦しんでいます。中国は、国際社会と協力してパンデミックを食い止めようとせず、パンデミックを利用して東南アジア諸国や太平洋での覇権を広げようと野心を強めました。国際社会は、中国共産党の指導者に、占領地での大量虐殺や人権侵害、および世界各地での新型コロナウイルス感染症の流行に対する責任を負わせるべき時が来ているのです。
私たちは本書『チベット侵略　中国共産党１００の残虐行為』を日本と国際社会に向けて発表し、中国のチベット占領に対する理解を深めてもらうために、１００周年を誇る中国共産党の指導者たちに「祝うべきことなど何もない」と抗議します。中国共産党の支配は、すべてが残酷な占領、厳しい抑圧、文化的大虐殺であったことをこの報告書に明記いたします。

ダライ・ラマ法王日本代表部事務所　日本・東アジア代表
アリヤ・ツェワン・ギャルポ

1938年、ラサで行われた軍事パレードでチベット国旗を振るチベット軍
出典:チベット博物館アーカイブス(中央チベット政権)

1

１９５０年 中国共産党のチベット侵攻と残虐行為の開始

1　中国による侵略

１９５０年、中国人民解放軍4万人が、チベット東部・チャムド市の8千人足らずのチベット軍に対して攻撃を開始、侵攻した。

主権国家であるチベットに対する中国のいわれなき侵略行為で、チベット軍は残酷に粉砕され、５７００人以上のチベット人が殺害された。

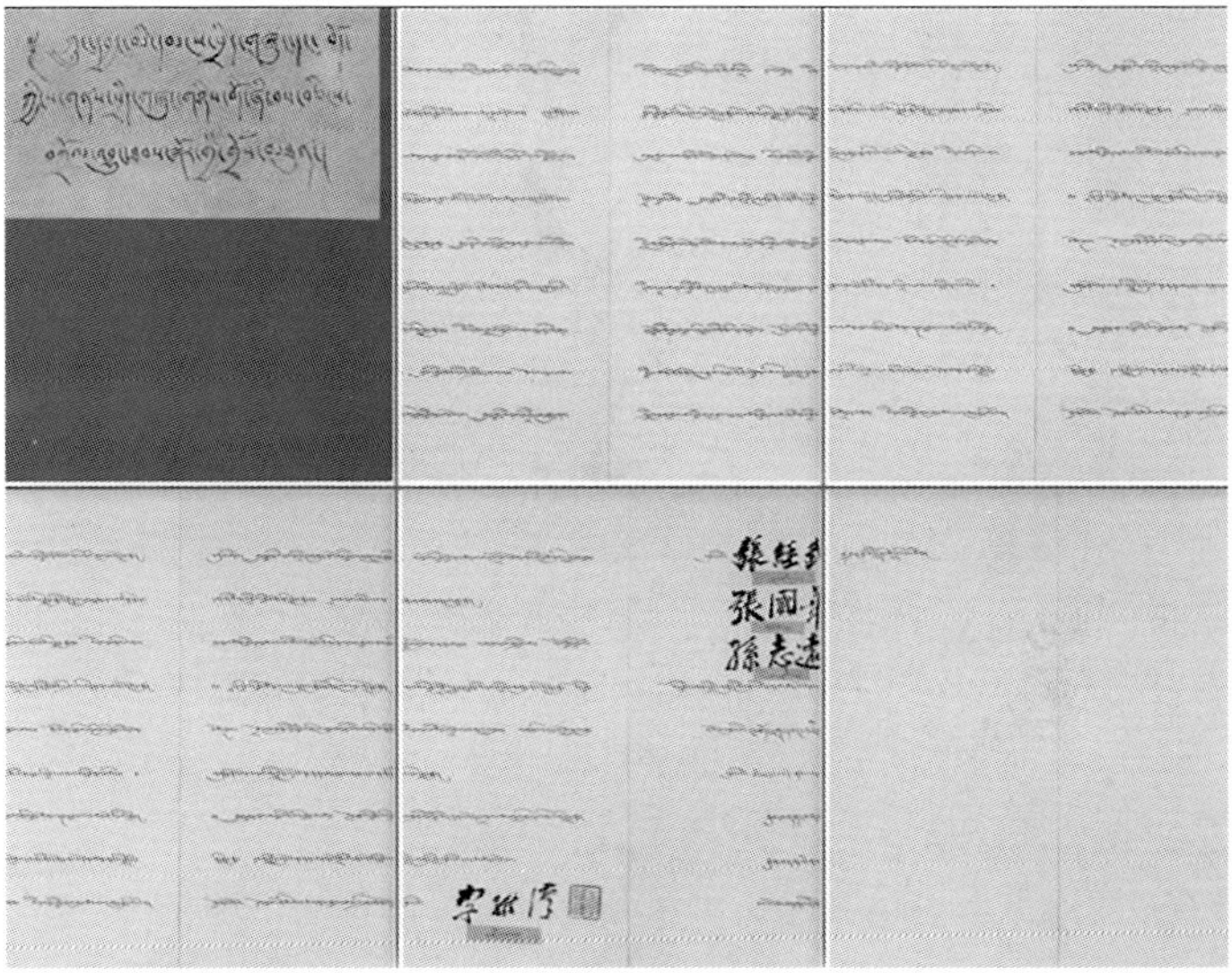

1951年5月23日に調印された17ヶ条協定の文書　出典:チベット博物館アーカイブス（中央チベット政権）

2　17ヶ条協定への署名強要

中国軍の進軍を停止するよう交渉するため、チベットから北京に派遣された代表団は、１９５１年5月23日、中共によるチベット併合を認める「17ヶ条協定」への署名を強要され、偽造した無効の印章（国璽《こくじ》）で署名させられた。

その後、共産党傘下の中国人民解放軍がチベットの主要都市を軍事侵攻・占領したため、チベット政府は協定の受け入れを余儀なくされた。

1952年、パンチェン・ラマのラサ到着に合わせて、毛沢東と朱徳元帥の写真を掲げ示威行進する中国人民解放軍
出典：チベット博物館アーカイブス（中央チベット政権）

3　軍への食糧供出

中国人民解放軍は、チベットの首都ラサへ通じる高速道路を建設した。これは中国国外に通じる初めての高規格道路であり、それにより、多くの武器と弾薬と兵士をチベットに持ち込んだ。チベットの人々は、中国軍を維持するために食料品や日用品を放出することを余儀なくされ、チベットの歴史上初めて、飢饉に近い状況に陥った。

4　共産主義改革の押しつけ

中国共産党は１９５０年代初頭からチベット人に共産主義のイデオロギーと改革を押しつけ始めた。これに伴い中国共産党は、チベット人の伝統的な自給自足の生活様式を強制的に変え、何百もの宗教的・文化的施設を破壊した。何千人ものチベット人がこの残虐行為に抵抗して命を落とし、さらに多くのチベット人が中国の刑務所で「行方不明」になった。

1959年3月12日 ポタラ宮前での集団蜂起　出典:チベット博物館アーカイブス(中央チベット政権)

5　チベット人の抗議行動開始

中国共産党政府は、ダライ・ラマ法王を招待した際、警備員を付けずにひとりで来ることを要求した。ダライ・ラマ法王の暗殺計画を恐れ、1959年3月10日、中国のチベット占領に反対する第一次チベット民族蜂起が起こった。

1959年3月12日(現在は「チベット女性蜂起の日」として記念されている)には、数千人のチベット女性がポタラ宮の前に集まり、中国当局に抗議した。この蜂起では何千人ものチベット人が殺害され、ラサの道路はチベット人の老若男女の血で紅く染まるなど、抗議活動は残酷に粉砕された。蜂起から3日間で1万人から1万5千人のチベット人が殺された。

亡命を余儀なくされたダライ・ラマ法王　出典:チベット博物館アーカイブス(中央チベット政権)

6　ダライ・ラマ法王のインド亡命

チベット政府の元首であるダライ・ラマ法王は、中国軍に連行されるおそれが高まり、インドへの亡命を余儀なくされた。１９５9年3月17日の夜、ダライ・ラマ法王は変装して、住まいであるラサのノルブリンカ宮殿を秘密裏に出なければならなかったが、それで危うく死を免れることができた。脱出から数日後、中国人民解放軍は宮殿への激しい砲撃を開始した。

7　チベット人の殺害

１９４9年から１９７9年の間に１２０万人以上のチベット人が、中国によるチベットへの侵略と不法占拠を直接の原因として死亡している。１９６０年の中国人民解放軍チベット軍管区政治報告書によると、１９５9年3月から１９６０年9月の間に、中央チベットだけで8万7千人のチベット人が殺害された。チベット人１２０万人の死因は次ページ図の通り。

チベット3地域におけるチベット人の死亡状況

死因	ウ・ツァン	カム	アムド	合　計
刑務所での拷問	93.560	64,877	14,784	173,221
即決の処刑	28,267	32,266	96,225	156,758
戦死	143,253	240,410	49,042	432.705
餓死	131,072	89,916	121,982	342,970
自殺	3,375	3,952	1,675	9,002
タムジン（批判闘争大会）	27,951	48,840	15,940	92,731
合計	427,478	480,261	299,648	1,207,387

出典：中央チベット政権まとめ

8　反乱鎮圧で起きた虐殺

中国軍の内部資料によると、1952年から1958年にかけて、中国人民解放軍は996件のチベット人の反乱を鎮圧し、北東部のカンロ、同じくアムド州のゴログで1万人以上のチベット人を殺害した。1956年には推定14万人だった人口が1964年には約7万人に半減している。

このことに触れて、パンチェン・ラマ10世は北京の指導者たちにこう発言した。「青海省で行われた残虐行為をまとめた映像があれば、視聴者に衝撃を与えるでしょう。ゴログ地区では、多くの人が殺され、その死体が丘を転がり落ちて大きな溝に落ちていました。兵士たちは死んだ人の家族や親戚に『反乱軍が全滅したのだから祝杯をあげよう』と言い、死体の上で踊ることまで強要しました。その直後、その家族や親戚も機関銃で虐殺されました」。

文化大革命で破壊されたシデ・サムテンリン僧院跡。奥にポタラ宮を望む。ラサ、1980年代頃
出典:中央チベット政権「The Burning Question」

9 僧院・僧侶への弾圧

６千近くの僧院や尼僧院が破壊された。11万人以上の僧侶、尼僧、高僧、行者が拷問によって殺され、さらに多くの人が無理矢理僧衣を脱がされた。

故パンチェン・ラマ10世は、１９６２年までに97％以上の僧院が破壊され、93％以上の僧院関係者が僧衣を脱がされたり殺されたりしたと述べている。

僧院は兵舎に変えられ、古文書は燃やされたり、ラバの飼料として使われた。

中国侵攻以後のチベットの地図

10　強行された分割統治

中国共産党政府は、チベットに対して「分割統治」政策を実施した。ウ・ツァン、カム、アムドの3つの伝統的な地域からなるチベットは分割され、1965年にチベット自治区が誕生した。

カムとアムドの地域はその後、四川省、青海省、雲南省などの中国の省に統合されていった。

2

「民主改革」か死の呪文か　終わりなき抑圧
１９４９～１９７９年

(右)1966年7月27日 、紅衛兵に「批判闘争大会」へ連行されるラサのテンゲリン僧院の転生ラマ・第10世デモ・リンポチェ・ロブサン・ジャンフェル・ルントック・テンジン・ギャッツォ(66歳)とその妻(47歳)／(左)ジョカン寺前の通りを連行されるセラ僧院のリブル・ンガワン・ギャツォ・リンポチェ。頭にかぶった舞踏用の帽子と胸につけた布には「反動的なンガワン・ギャッツォは排除されるべきだ」と書かれている　出典:チベット博物館アーカイブス(中央チベット政権)

11　私有財産没収と集団生産体制

中国共産党は「民主改革」の名の下に、チベット人の私有財産を没収し、「集団生産」をさせるためにチベット人を「互助組」に分割した。

さらに中国共産党はチベットで、「愛国的公用穀物税」「余剰穀物の売却」「過去の穀物備蓄の寄贈」を口実に、大量の食用穀物、動物、動物生産物を押収した。その結果、食糧生産量が減少し、チベットの歴史上前例のない大飢饉が発生した。

批判闘争大会でパンチェン・ラマを追い詰める中国共産党員。パンチェン・ラマは1968年に投獄され、1977年10月に釈放された　出典：チベット博物館アーカイブス（中央チベット政権）

12　人民公社化による飢餓発生

中国共産党はさらに、「互助組」を「人民公社」に置き換えたことで、チベット人は「ひとつの大きな鍋」で共に働き、共に食べることを強いられた。中国共産党は、「働かざるもの食うべからず」の政策を導入し、乳幼児や高齢の親、障害者のいる家庭に深刻な影響を与えた。何千人ものチベット人が、生き延びるために、ネズミや犬、靴や身のまわり品の革、ミミズ、草、木の皮、葉などを食べなければならなかった。物乞いでさえ飢えることのなかった土地で、34万人以上のチベット人が飢死した。

13　強要された批判闘争大会での死

1963年、中国共産党はチベットの民衆を異なる階級に分け、「批判闘争大会」（タムジン）を強要した。チベット人は公然とお互いを非難し、批判し、殴るように強いられた。9万2千人以上のチベット人が、この批判闘争大会で拷問を受けて死亡した。

チベット人デモ隊を殴る中国の治安警察。カム州セルタ、2012年 出典:中央チベット政権「The Burning Question」

14 強制収容所と監獄の犠牲者

何万人ものチベット人が、中国共産党によって強制労働収容所や刑務所に送られた。これらの強制労働収容所や監獄の状況について、故パンチェン・ラマ10世はこう書いている。

「看守や幹部たちは、残酷で冷酷で悪意のある言葉で囚人を脅し、激しく無慈悲に殴りました……（囚人たちの）衣服や布団は体を温めることができず、マットレスは湿気を防ぐことができません。テントや建物は風雨を避けることができず、食べ物は彼らの胃を満たすことができませんでした。生活は悲惨で困窮に満ちていました。早起きして仕事をし、帰りは遅く、しかも最も重く困難な仕事をさせられ……多くの者が病気にかかり、しかも十分な休息がとれず、医療も行き届かず、大勢の囚人が異常死しました」

1993年末頃、労働センターによる再教育が行われているトリサム刑務所エリア
写真はSteven D. Marshall. Rukhag 3 The Nuns of Drapchi Prison.より引用。
出典:Alliance for Research in Tibet.

1993年末頃のグツァ刑務所
出典:Alliance for Research in Tibet.

1993年頃のシトルー刑務所のチベット自治区警察拘置所
出典:Alliance for Research in Tibet.

1993年末頃のウトリトル刑務所。後にラサ刑務所になった
出典:Alliance for Research in Tibet.

文化大革命で破壊されたシデ・サムテンリン僧院の廃墟の中の少年。1960年代撮影
出典:中央チベット政権「The Burning Question」

15 大量虐殺

１９５９年から１９６０年にかけて、甘粛《かんしゅく》省の省都・蘭州《らんしゅう》の北部にある強制労働収容所で、３万５千人以上のチベット人が死亡した。アムド州は中国最大の収容所となり、何万人ものチベット人と中国人の囚人が道路や鉄道の建設、鉱物資源の開発、核研究センターの建設、人民解放軍の国営農場の運営などに従事させられ、20万人以上の囚人が餓死した。ジャン・タン（チベット人にはジャン・ツァラカと呼ばれている）のホウ砂鉱山、ラサ近郊のナチェン・タン水力発電所、インドに近いコンポの材木伐採所の３つの主要な労働キャンプでは、数千人のチベット人が死亡した。

16 １９６０年代の虐殺

１９６０年から１９６５年にかけて、ラサのドラプチ刑務所で1万人以の囚人が死亡した。１９６０年代初頭に甘粛省九泉市の張掖《ちょうえき》農業労働収容所に送られた76人のチベット人囚人のうち、生き残ったのはわずか21人だった。

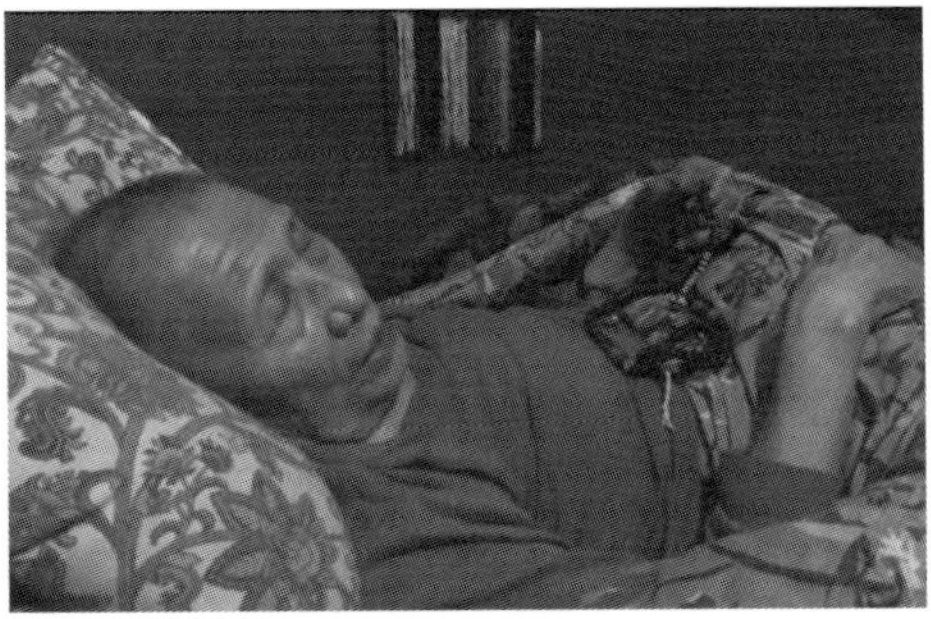

（右）元政治犯アマ・アデ氏。カムのダルツェド収容所などの強制労働収容所の生存者／（左）元政治犯パルデン・ギャッツオ氏。1959年から1992年までの33年間、悪名高いドラプチ刑務所などの様々な強制労働収容所で過ごした生存者
出典：チベット博物館アーカイブス（中央チベット政権）

17　収容所での体験談

チベット自治区の3大刑務所の生存者であるアニ・パチェン氏は、回想録「Sorrow Mountain（悲しみの山）」の中で、強制労働収容所での死を次のように述べている。「遺体は、修道院の裏にある谷間に捨てられました。渓谷がいっぱいになったので、中国人は死体をザーチュ川（メコン川の上流）やンゴンチュ川に捨て始めました。ハゲタカや犬は谷間に残った死体を食べきれず、やがて死体は腐り始めました。死体の腐敗臭は強烈で、何年もの間、人々は渓谷に近づくことができませんでした」

コンポの材木伐採労働収容所の生存者N・J・トプギャル氏は「中国人は死体を積み上げて、小さな丘の大きさになると火をつけていました」と証言した。カムのダルツェド収容所をはじめとする強制労働収容所の生存者であるアマ・アデ氏は「毎日、彼らはトラック9～10台分の死体を運んできては、そこ（道端に作られた集団墓地）に置いていきました。少ない日もあれば、多い日もありました。通常は、8、9、10台分でした」と語った。

ラサの紅衛兵による「四天王粉砕」のスローガンのもと、ジョカン寺は壊滅状態に。中庭に積まれた破壊された像や工芸品などの宗教的なものは、本堂から略奪して投げ捨てられたものだという
出典:チベット博物館アーカイブス(中央チベット政権)

文化大革命の時、チベット最古の建築、ラサのジョカン寺付近で炎に包まれる無数の宗教経典や宗教書
出典:チベット博物館アーカイブス(中央チベット政権)

18　チベット仏教への宣戦布告

中国共産党は、チベット人の信仰の自由を守ると約束した17ヶ条協定を反故にし、チベット仏教に宣戦布告した。「中国共産党のイデオロギーと宗教は共存できず、同時に同じ場所を占めることができない2つの力と考えています。2つ（科学と宗教）の違いは、光と闇、真実と虚偽の違いにたとえられ、対立する科学と宗教の世界観を両立させる可能性は全くありません」（中央チベット政権「Tibet Under Communist China」27ページ）。

19　僧院の略奪

中国共産党は、修道院や尼僧院を略奪、冒瀆《ぼうとく》、破壊した。略奪は組織的で、鉱物学者のチームが宗教施設を訪れ、あらゆる貴石を奪った。次に、冶金学者が陸軍本部から徴発《ちょうはつ》されたトラックで金属を運び出した。何百トンもの貴重な宗教的な彫像、タンカ（巻物状の宗教画）、金属製の工芸品、その他の宝物は中国に輸送され、国際的な骨董品市場で販売され、オークションにかけられ、あるいは溶かされた。

冒瀆(ぼうとく)的に扱われる神仏像。ラサ、ノリン・ニウォウ・ポダン、1980年代
出典:中央チベット政権「The Burning Question」

20　僧侶や尼僧への迫害

中国共産党は、公然とチベット仏教を非難し、僧侶や尼僧、宗教者を辱《はずかし》めた。

神聖なチベット仏教の経典は燃やされて糞尿と混ぜられ、神聖なマニ石（祈りやイメージが刻まれた石や石板）はトイレや舗装に使われた。僧侶や尼僧は公衆の面前で性行為を強要され、「奇跡を起こせ」と嘲笑された。廃墟となった修道院や寺院は豚小屋と化し、中国の刑務所で飢えた僧侶や尼僧は「仏陀から食べ物をもらえ」と言われた。

中国全土が経験した文化大革命は、1950年代初頭にチベットで初めて実験的に導入され、チベットの文化と宗教の多くが破壊された。

3 漢民族流入と中絶強要・不妊手術・嬰児殺し

ダライ・ラマ法王は、1996年12月3日、国際NGO国際法律家委員会のインタビューで「現在、チベットの文化と国民のアイデンティティの存続に対する最も深刻な脅威は、中国の人口移動計画です。それによってチベット人は、驚くべき速さで自分たちの土地で取るに足らない少数派になっています」と述べている

21 増え続ける漢民族

1990年代の推計によると、漢民族は、チベット自治州全域の総人口の3分の1（1949年には6〜10％）、人口の12〜14％（同0・1％）を占めていた。中国共産党は、チベットに中国人が住むことのメリットについて疑わしい主張をしているが、チベットを中国化しようとする陰湿な試みであり、経済的にも大きな打撃を与えている。故パンチェン・ラマ10世は「チベットに中国人をひとり置いておくための費用は、中国に4人置いておくための費用と同じです。なぜチベットが中国人を養うためにお金を使わなければならないのか？　役に立たない人間を大量に送り込む政策のために、チベットは大いに苦しんでいます。チベットの中国人人口は数千人から始まったが、今日では何倍にもなっています」と証言した。

チベットの農村に毛沢東の肖像と中国共産党のプロパガンダのプラカードや旗が飾られている。村に飾られた毛沢東の肖像画や共産党の旗は、文化大革命中によく見られた光景である。出典：チベット博物館アーカイブス（中央チベット政権）

22 植民政策

中国共産党はチベット侵攻以後、新たな多数派とすべく、大量の漢民族をチベットに移住させる「中国化政策」を一貫して採用してきた。１９５２年、毛沢東は「チベットは広い面積を持っているが、人口が少ない。同地の人口を現在の２００〜３００万人から５００〜６００万人に、さらに1千万人以上に増やすべきだ」と述べた。１９６０年、周恩来首相は「同胞民族が住む地域ほど地下資源が豊富ではない」と、移住政策を正当化した。１９６０年の党内政策文書では、中国からチベットへ１５０万人の新規入植者が提言された。１９８５年、ニューデリーの中国大使館は、チベットを含む辺境地域で、今後30年以内に1億人以上の人口増加が見込まれると述べた。１９８７年、鄧小平は漢民族のチベット移住の進展を認めた。１９９３年に四川省で行われた高官秘密会議では、人口移動こそチベット問題の解決策で「チベット人の人口増加を不可能にする」と合意されたという。

チベットの求人広告、「急募：10名の労働者、日当：チベット人30元、漢民族50元」とある。
出典：中央チベット政権「The Burning Question」

23　広がる漢民族とチベット人の経済格差

チベットで中国人の存在感が増すことで、チベット人の失業率の上昇、失業への不安、チベット人の住宅不足など、多くの悪影響が生まれている。

国際法律家委員会（各国の裁判官・法学者・弁護士からなる「法の支配」確立が目的のＮＧＯ）は１９９７年の報告書の中で「チベット人は、犯罪、売春、その他の形態の社会的劣化や社会的疎外の増加について不安を表明し、これらの動きを中国人のチベットへの流入と、そのような行動を制御しようとしない当局の姿勢に直接結びつけている」と指摘する。

１９９２年にチベットを訪れた西洋人旅行者が秘密裏に行った調査によると、ラサ市内の1万２２２７軒の店やレストランのうち、チベット人が経営しているのはわずか３００軒だった。カム南部のツァワ・パショでは、チベット人が経営する企業はわずか15社で、中国人が経営する企業は１３３社だった。これは他のチベット人の町でも同じで、チャムドでは７４８対92、ポウォ・トラモでは２２９対3だった。

ゴルムド―ラサ間の鉄道路線

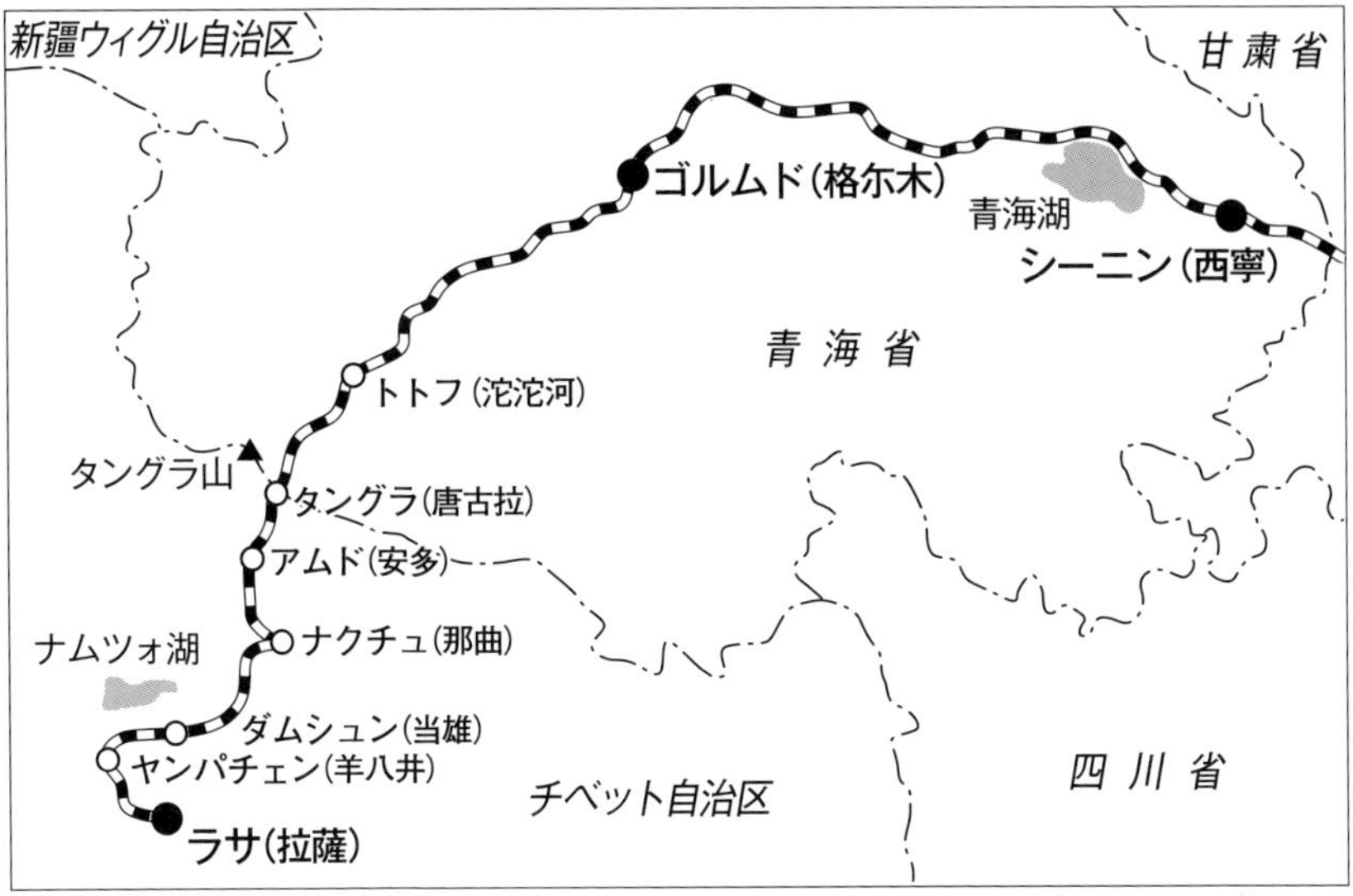

出典：中国チベット鉄道ツアー

24 鉄道完成で加速した流入

２００６年に完成したゴルムド―ラサ間の鉄道が、同年中に１５０万人の乗客を運んだことで、人口流入はさらに加速した。

スムーズな高速道路、新しい空港、その他のインフラプロジェクトは、観光客の増加を含め、チベットへの人口流入をさらに促進している。

２００４年には、ラサを訪れた中国人観光客の数が地元のチベット人の数を上回った。

チベット自治区の党書記（2011年～2016年）だった陳全国は、チベットで統制強化の実験を行った後、2016年から現職の「新疆ウイグル自治区」党書記となり、新疆（東トルキスタン）でチベットで試した残酷な統制と弾圧を再現している　出典：フリーチベット

25　異民族間結婚の強制

中国共産党はまた、チベットでの異民族間の結婚を強力に推進しており、チベット人を誘い込もうとしている。これは、チベットにおける植民地化のもうひとつの戦略と見られている。

２０１４年当時、チベット自治区の共産党書記であった陳全国《ちんせんこく》は、異民族間の結婚を支持する方向に世論を誘導するよう政府部門に命じ、党と政府関係者に「仲人」として行動するよう命じた。彼はまた、地方紙に異民族間結婚を促進する記事を掲載するよう命じ、チベット自治区の政府系新聞では、何週間にもわたって子供たちが中国とチベット双方の文化を愛し、チベット語と中国語を同じように話す幸せな異民族間結婚カップルが紹介された。陳全国は「血は水よりも濃い」と言い、「我々の民族関係もそのようにすべきだ」と述べた。

多数派漢民族との異民族婚の割合が低い少数民族

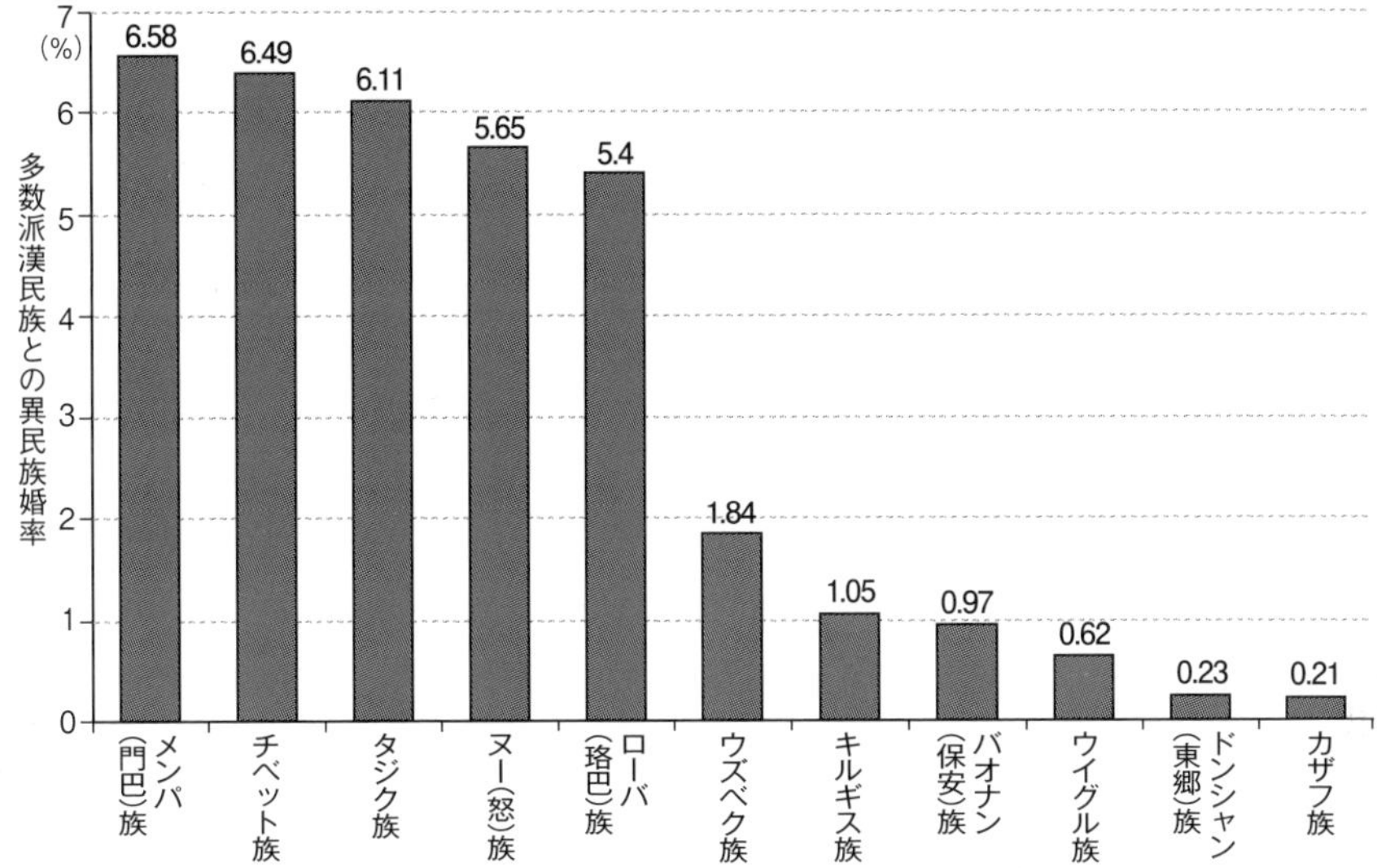

出典：Rongxing Guo 著「China's regional development and Tibet」(2016, Springer) の 147 ページ、数字は 2000 年調べで 2001 年発表の第 5 回国勢調査からとられている

26 異民族婚が5年間で7倍以上増加

チベット自治区の共産党の研究室が２０１４年８月に発表した報告書には、過去5年の間で、異民族間結婚は毎年2ケタのパーセンテージで増加していたと記されている。２００８年に６６６組だった異民族間結婚のカップルは、２０１３年には４７９５組に増加した。

27 ウイグルの10倍の異民族間婚姻率

中国の郭栄星教授は、第5回国勢調査に基づいて、チベット人を「多数派漢民族との異民族間結婚の割合が最も低い少数民族」としている。しかし、人口約６００万人のチベット人の異民族間婚姻率６・49％は、人口約１３００万人のウイグル人の異民族間婚姻率０・62％の約10倍である。

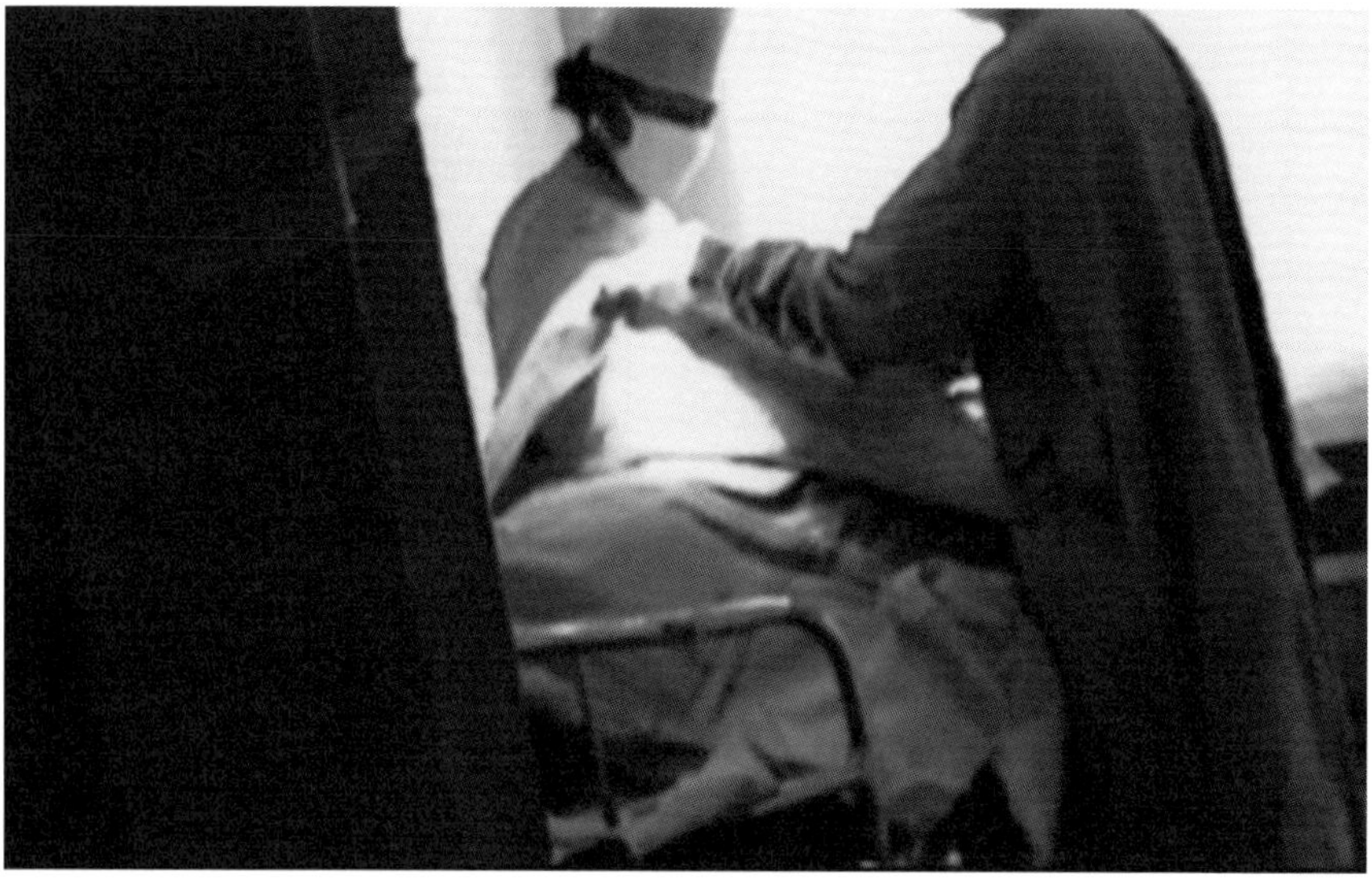

ブレイク・カー氏がラサの人民病院やチベットの遠隔地を訪れ、強制的な中絶や不妊手術を行う中国の国策の実態を探ったドキュメンタリー作品「Eye of the Lammergeier」（2017年）の映像。

28 強制不妊・避妊・中絶手術と嬰児殺し

チベット女性は、性と生殖に関する権利の著しい侵害を受けている。大規模な強制不妊手術、避妊手術、後期中絶を含む中絶手術の強制がチベット人女性に対して行われた。また、嬰児《えいじ》殺しの事例も報告されている。

〈目撃者の証言〉

「赤ちゃんの頭の部分に針が刺されました。彼女は1時間ほど陣痛に耐えていましたが、赤ちゃんは生まれて泣いた後、鼻から出血して死んでしまいました……彼女は罰金を払えなかったので中絶したのです」（友人の中絶を目撃した女性）

「お腹に針を刺され、出産しました。生まれた赤ちゃんはボウルに入れられました。赤ちゃんは数分動いた後、死んでしまいました。赤ちゃんの頭には穴が開いていました」（１９９２年に妊娠６ヶ月の女性に行われた後期中絶手術を目撃した、フェンポの女性）

29　強制不妊手術のデータ

チベット人権民主センターの報告書によると、1997年にニェモ郡（チベット自治区）で300人、1996〜97年にレブコン（アムド）で105人が不妊手術を受けさせられ、1997年にはツォ・ンゴンポ（アムド）で113人が中絶手術を、85人が不妊手術を受けさせられ、1996年にはチュシュル（チベット自治区）で308人、1991年から1992年にかけて、ラサで190人の女性が不妊手術を受けさせられたという。

1990年の中国国内向けの公式発表によると、アムドでは出産適齢期の女性の10％が不妊手術を受け、シガツェの田舎にあるブチュンでは387人の女性が不妊手術を受け、他の10地区でも2419人の女性のうち1092人が不妊手術を受けていた。1992年2月2日のLhasa Evening Newsによると、4つの不妊手術チームがルンドゥプ郡やニェモ郡などで、1294人の女性を手術したと発表した。

30　不妊手術のノルマと罰金

不妊手術の命令に従わないチベット人女性は、罰金を払うか、土地を失うことになった。

女性たちは家畜のようにトラックで運ばれ、多くの人が自分の意志に反して無理やり病院へ連れていかれた。遊牧民の女性たちは、騙《だま》されて不妊手術に連れてこられた。

それでもノルマを達成できなかった不妊手術チームは減給されたという。

4
チベット仏教への迫害

2008年3月16日、アムド州レブゴン市街で政府機関の建物に向け平和的な抗議デモを行うロンゴンチェン僧院の僧侶たち 出典:中央チベット政権「The Burning Question」

31　弾圧されるチベット仏教徒

中華人民共和国憲法は第36条で信教の自由を規定しているが、何をもって「通常の宗教活動」とするかは国家が恣意的《しいてき》に決めるため、信教の自由は大きく制限されている。

宗教団体は、国家宗教事務局（旧中央宗教局）、またはその省・地方事務所（「宗教事務局」と呼ばれる）に登録する必要がある。中国で公式に認可されている宗教は、仏教、カトリック、道教、イスラム教、プロテスタントの5つで、チベット仏教徒は、宗教活動への参加を理由に、中国共産党によって「分離主義」「公序良俗の乱れ」などの冤罪《えんざい》を押しつけられ、恣意的な拘束、拷問、逮捕、有罪判決、刑罰の対象となっている。

チベット人に「愛国心の再教育」を行う中国政府ワーキングチームの官吏。上から時計回りにニングリ、ロカ、チャムド、ネドンの各地での様子 出典:中央チベット政権「The Burning Question」

32 僧院・尼寺への介入

チベット仏教の僧院・尼寺は、中国共産党が構成した「僧院管理委員会」（民主管理委員会とも呼ばれる）の絶対的な支配下にある。この委員会は、宗教事務局、中国仏教協会、政治教育作業チーム、治安機関などとともに、僧院・尼寺の日常的な機能を徹底的に管理している。宗教学のカリキュラムや修行者の入学さえも管理されていた。

1997年の中国政府の指導により、僧侶の数に上限が設けられ、約8千人の僧侶がいたセラ寺院は300人までに、約1万人の僧侶がいたデプン寺院は400人まで、約5600人の僧侶がいたガデン寺院は200人までに制限された。国と中国共産党への「愛」を持ち、「優れた政治的背景」を持つ候補者のみが、修行者として入学を許される。

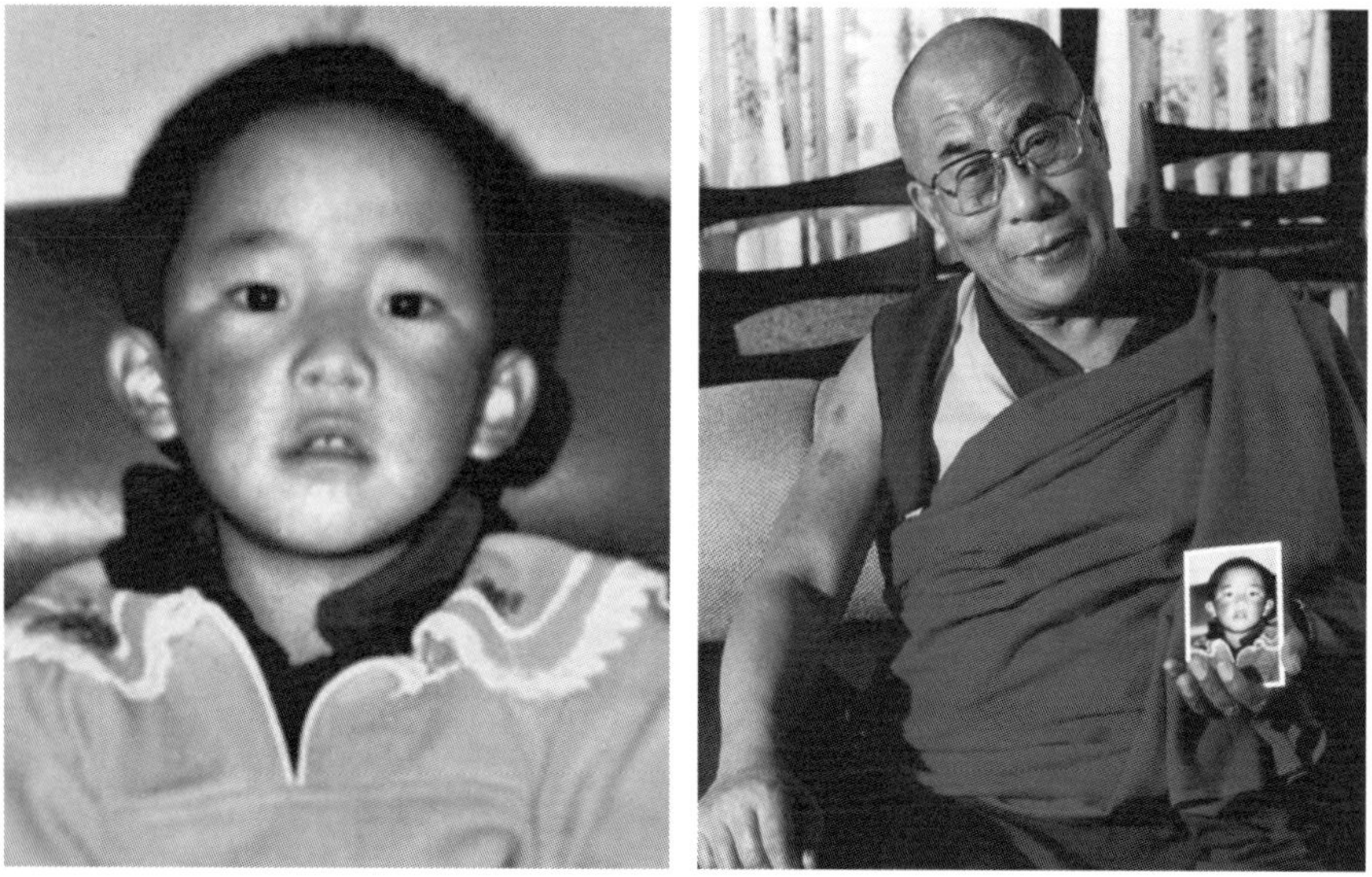

（左）パンチェン・ラマ11世ゲンドゥン・チェーキ・ニマ／（右）パンチェン・ラマ11世ゲンドゥン・チェーキ・ニマの写真を手にするダライ・ラマ法王　出典：チベット博物館アーカイブス（中央チベット政権）

33 パンチェン・ラマの誘拐、失踪

1995年5月17日、パンチェン・ラマ11世ゲンドゥン・チェーキ・ニマとその家族は、ダライ・ラマ法王がパンチェン・ラマ10世の生まれ変わりであると認めた3日後に、中国当局によって誘拐された。中国共産党は、党の命令で宗教的な手続き（金瓶掣《きんぺいせい》籤《せん》）を不正に操作し、共産党員の息子を彼の代わりに任命した。また、中国共産党政府は、パンチェン・ラマ11世ゲンドゥン・チェーキ・ニマの身元確認の捜索隊長であったチャデル・リンポチェを逮捕し、禁固刑の判決を下した。

パンチェン・ラマ11世とその家族の強制失踪事件は、国連の「強制的または自発的失踪に関する作業部会」と「国連子どもの権利委員会」で現在も係争中である。この誘拐・失踪事件は、個人を標的にした犯罪だけでなく、宗教的指導者とその教えを奪われたチベット仏教の信者に対する継続的な犯罪である。中国は今、この残虐行為をダライ・ラマ法王の後継者の場合でも繰り返そうとしている。

郵 便 は が き

63円切手を
お貼り
ください

101-0003

東京都千代田区一ツ橋2-4-3
光文恒産ビル2F

(株)飛鳥新社　出版部　読者カード係行

フリガナ ご氏名	性別　男・女 年齢　　歳
フリガナ ご住所〒 TEL　（　）	
お買い上げの書籍タイトル	
ご職業 1.会社員　2.公務員　3.学生　4.自営業　5.教員　6.自由業 7.主婦　8.その他（　）	
お買い上げのショップ名　所在地	

★ご記入いただいた個人情報は、弊社出版物の資料目的以外で使用することはありません。

このたびは飛鳥新社の本をご購入いただきありがとうございます。

今後の出版物の参考にさせていただきますので、以下の質問にお答え下さい。ご協力よろしくお願いいたします。

■この本を最初に何でお知りになりましたか

1.新聞広告（　　　　　　新聞）
2.webサイトやSNSを見て（サイト名　　　　　　　　　　　　　　）
3.新聞・雑誌の紹介記事を読んで（紙・誌名　　　　　　　　　　　）
4.TV・ラジオで　5.書店で実物を見て　6.知人にすすめられて
7.その他（　　　　　　　　　　　　　　　　　　　　　　　　　　）

■この本をお買い求めになった動機は何ですか

1.テーマに興味があったので　2.タイトルに惹かれて
3.装丁・帯に惹かれて　4.著者に惹かれて
5.広告・書評に惹かれて　6.その他（　　　　　　　　　　　　　）

■本書へのご意見・ご感想をお聞かせ下さい

■いまあなたが興味を持たれているテーマや人物をお教え下さい

※あなたのご意見・ご感想を新聞・雑誌広告や小社ホームページ上で
1.掲載してもよい　2.掲載しては困る　3.匿名ならよい

ホームページURL http://www.asukashinsha.co.jp

毛沢東や習近平といった中国の指導者の写真を祭壇に飾ることを強制される一方で、ダライ・ラマ法王の写真を飾ることを禁止されているチベット人の様子　出典：チベット博物館アーカイブス（中央チベット政権）

34　ダライ・ラマ糾弾の強要

チベット人はダライ・ラマ法王14世の画像を崇拝したり保管したりすることは許されず、代わりに中国の指導者の写真を祭壇に飾ることを強いられている。ダライ・ラマ法王の宗教的な教えの画像や書籍、録音・録画を探すために、僧院に夜襲をかけることが横行している。僧侶や尼僧は法王を糾弾《きゅうだん》することを強要されている。

1996年には、ダライ・ラマ法王の写真を禁止するためにガデン僧院に向かった部隊が6人の僧侶を銃撃して負傷させ、うち1名が死亡した。その3ヶ月後には、ダライ・ラマ法王を糾弾する宣誓書への署名を拒否したとして、92人の僧侶が僧院から追放された。

35　宗教的信念と伝統の侵害

　中国は、何世紀にもわたって受け継がれてきたチベット仏教の輪廻転生《りんねてんせい》の聖なる伝統に干渉している。2007年1月、中国の国家宗教事務局は「チベット仏教における活仏の輪廻転生の管理措置」に関する「国家宗教事務局令第5号」という新しい規制措置を発表した。この法令では、すべてのトゥルク（転生したラマ）がトゥルクとしての勉強や教えを始める前に、中国共産党政府の承認を得ることを義務づけている。

　国連の宗教の自由に関する特別報告者は、2020年の通信で、この統制を宗教的信念と伝統の侵害であるとみなしている。

36　僧院の閉鎖と僧侶の逮捕

　中国政府は2013年8月、ダライ・ラマ法王との関係を疑い、チベット東部のナクチュ郡（中国表記：チベット自治区那曲市）シャク・ロンポにあるガデン・ダルゲリン僧院を強制的に閉鎖した。

　2010年、同僧院が指導者であるロンポ・チェジェイ・リンポチェの転生についてダライ・ラマ法王に相談していたとの疑惑が浮上したことをきっかけに、同僧院への締め付けが始まった。同年、75歳のラマ・ダワ師ともう1名の重要な僧侶が逮捕され、冤罪で懲役7年の刑に処せられた。

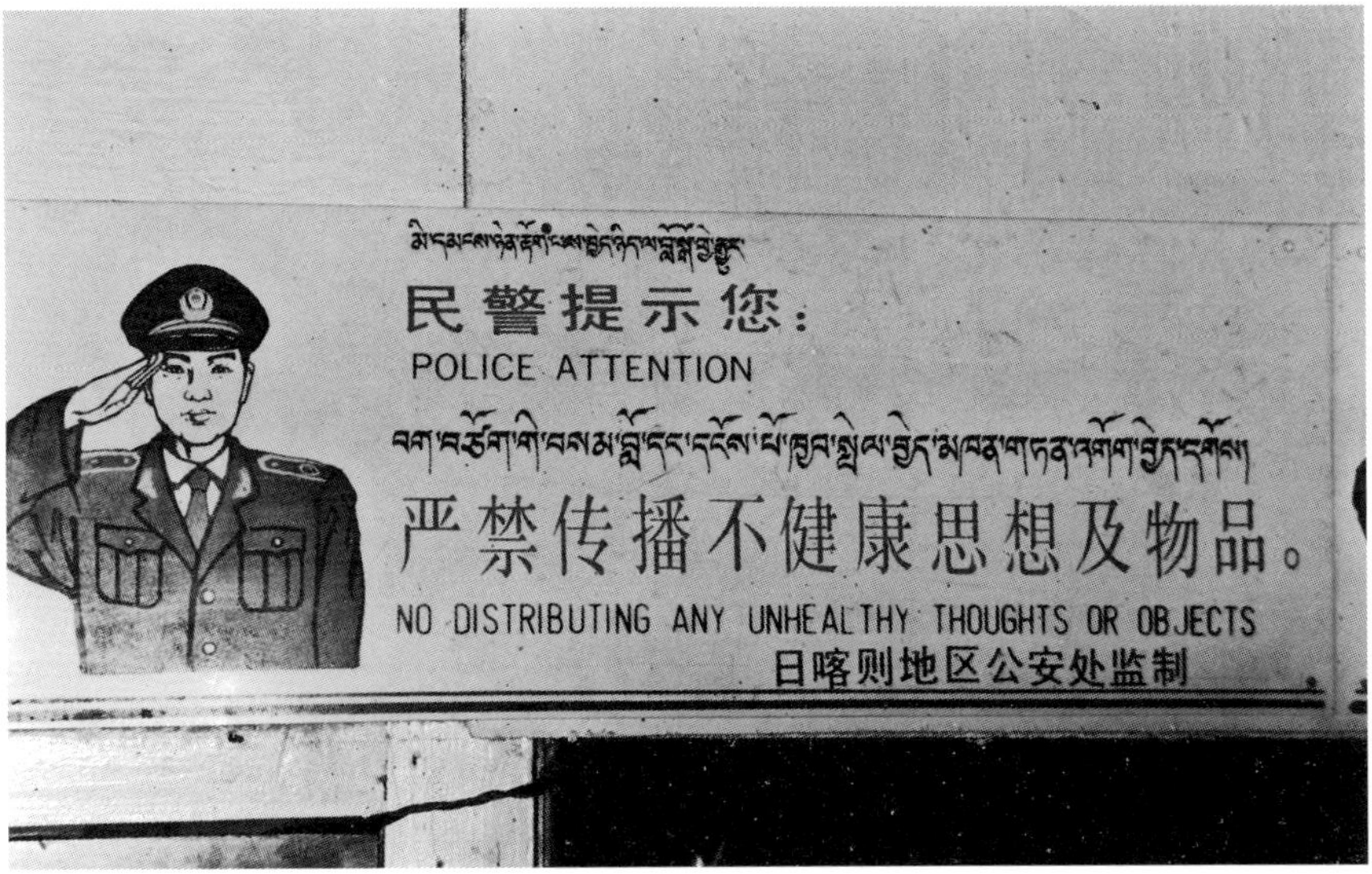

「警察からの注意：不健康な思想や不健康な物を頒布してはいけません」1993年、ニャラム郡の小さな喫茶店の入り口に掲げられたチベット語・中国語・英語3ヶ国語の看板　出典：中央チベット政権「The Burning Question」

37 チベット人の移動制限

中国共産党政府は、宗教上の目的であってもチベット人の移動を厳しく制限している。チベット人は、チベット自治区内だけでなく、隣接する地域周辺であっても、巡礼に行くためには許可を得なければならない。

2017年には、ダライ・ラマ法王によるカーラチャクラの教えを受けるためにインドに来た数千人のチベット人が、中国共産党政府による投獄の脅しを受けて、チベットへの帰還を余儀なくされた。帰国後、チベット人のパスポートは奪い取られ、燃やされ、恣意的な拘束、尋問、拷問等を受けた。

2016年のラルンガルとヤルチェンガルの解体現場とチベット仏教の僧侶と尼僧の強制退去の様子　出典:チベット博物館アーカイブス(中央チベット政権)

38 僧院と尼寺の破壊

中国共産党政府は、僧院や尼寺の破壊を続けている。世界最大級のチベット仏教の中心施設であるラルンガルとヤルチェンガルは、２０１６年に取り壊され、半分以下の大きさにされた。その際、１万人以上のチベット仏教の僧侶、尼僧、修行者が強制的に立ち退かされた。

　しかも、強制追放された僧侶や尼僧は「愛国再教育キャンプ」に送られた。何人かの尼僧はその直後に自殺してしまった。ラルンガルの3人の尼僧に続き、２０１６年7月19日には2人の尼僧（ツェリン・ドルマ氏とセムガ氏）が宿舎で首を吊って死亡し、その翌日にはリグジン・ドルマという別の尼僧が首を吊った。

39　強制収容施設での再教育

ラルンガル以外でも、チベット仏教の僧侶と尼僧は日常的に「愛国再教育キャンプ」に入れられ、ダライ・ラマ法王を糾弾したり、法王の像を踏みつけたり、唾を吐いたりして、国と中国共産党への「愛」を示さなければいけない。また、キャンプの卒業式では歌や踊りを強制されるが、これは尼僧としての基本的な考え方に反している。

「法学教育キャンプ」では、自分の権利ではなく、中国共産党のシナリオに反する活動に参加した場合の処罰の厳しさを教えることで、恐怖心を煽る戦術が取られている。

40　信仰の自由の侵害

さまざまな職業や年齢層のチベット人が、信仰の自由を侵害されている。チベット人がチベット仏教の僧院や神聖な宗教施設を訪れて礼拝することは厳しく規制され、1週間のうち2、3日しか許されていない。一方、中国人観光客はいつでも僧院を訪れることができる。

欧州議会の「宗教・信条の自由と宗教的寛容に関するインターグループ」（The European Parliament's Intergroup on Freedom of Religion or Belief and Religious Tolerance）は、２０１８年の報告書で中国を「深刻な違反」グループに分類し、中国を世界で最も宗教・信条の自由を侵害している国のひとつに位置づけている。

5 チベット語と文化、アイデンティティの根絶

2010年10月、アムド州レブコンの6つの学校に通う数千人のチベット人学生が、チベット語の使用を禁止する教育制度の変更に反対して抗議活動を行った。デモ参加者は「民族間の平等を、言語の自由を」と訴えた　出典:中央チベット政権「The Burning Question」

41 チベット語の否定

チベット人は、中国で「少数民族」とされているが、言語権は認められていない。中国共産党政府は、形式上はすべての言語を尊重していることになっているが、実際には単一言語主義的な政策を押し付けている。

中国のいわゆるバイリンガル政策とは、チベットの学校で授業を行う際に、チベット語に代わって北京語を使用するというものである。国際人権NGOヒューマン・ライツ・ウォッチが「チベットにおける中国の『バイリンガル教育』政策　脅威にさらされた中等教育」と題した包括的なレポートで報告しているように、自分たちの言語を学ぶことは犯罪となっている。

言葉の権利を主張する活動家であるタシ・ワンチュク氏。チベットの学校でチベット語の授業が行われていないことをニューヨーク・タイムズ紙に訴えたことにより拘束、逮捕され、有罪判決を受けた　出典：チベット・ネット（中央チベット政権）

42　言語権を求める運動への弾圧

チベット語の庇護《ひご》者たちもまた、厳しい報復を受けている。

チベット語の言語権庇護者であるタシ・ワンチュク氏は、ニューヨーク・タイムズ紙のインタビューで懸念を表明したため、中国当局に拘束され、逮捕され、非公開の裁判で5年の懲役を言い渡された。キルティ僧院のチベット人僧侶であるソナム・パルデン氏は、ソーシャルメッセージアプリのＷｅＣｈａｔで、中国のチベット語に対する抑圧的な政策を批判したため、２０１９年9月にアバで逮捕された。タシゾン地区のペレップ村に住むツェリン・ドルジェ氏は、２０１９年2月20日、亡命中の弟とチベット語の重要性について電話で会話したため、拘束され、拷問を受けた。シガツェ県のワンチュク氏は、２０１９年3月にＷｅＣｈａｔでチベット語の書籍を共有したことで拘束された。これらは、明るみに出た事件のほんの一部である。チベットで苦しんでいるチベット語の言語権庇護者はまだまだ沢山いる。

43 チベット語への差別

中国共産党政府は、チベット語を専門とするチベット人の卒業生に対して、就職の可能性を奪うような差別的な行為を行っている。北京語を習得した卒業生が優先的に採用され、チベット語を学ぶことに経済的、社会的なインセンティブはない一方、北京語を学ばないと、簡単な銀行取引などの日常生活にも大きな支障をきたすことになる。

さらに、司法文書を含むすべての公文書は北京語で書かれている。人種差別撤廃委員会（国連人種差別撤廃条約に基づいて設立された国際人権団体）は２０１８年の最終見解で、言語的権利の観点から中国での差別的慣行の存在を指摘している。

44 民族教育の否定

中国政府は、青海省のチベット人地域の大半の小学校を閉鎖し、チベット人の子供たちを家から追い出して寄宿学校に入れようとしている。これは、チベット語の代わりに北京語を教える「寄宿学校」で、チベット人の完全な中国化という大きな計画の一部であると思われる。

さらに、授業を開始した数少ない地元の学校では、授業で使用する言語をチベット語から中国語に置き換えるよう厳しく命じられている。

45 言語教育の禁止

チベット語を学ぶ第二の手段だった僧院も、学齢期の子供たちにチベット語を教えることを禁止された。青海省嚢謙《ナンチェン》県の中国当局は、僧院での授業を禁止する緊急通達を出し、「反対勢力の強さ」を鎮めるため「親子の思想教育」を呼びかけた。

GLOBAL TIMES

E-Paper Mobile

HOME CHINA BIZ WORLD OPINION LIFE ARTS SCI-TECH ODD SPORT METRO

HOME >> CHINA

Tibet underage students banned from religious activities in accordance with law

By Liu Xuanzun Source:Global Times Published: 2018/7/23 23:23:39

チベットの子供たちの宗教活動を「法律に基づいて」禁止すると引証する中国の国際日刊紙の画像
出典:Global Times（環球時報）

46 子供の宗教活動禁止

宗教活動への参加は、チベット人の生活文化の特色である。しかし、チベット人の子供たちは、休暇中でも一切の宗教活動への参加を禁じられている。チベット人生徒の宗教活動参加が発覚した場合、親は懲戒処分や罰則を受ける。

チベット人政府職員や退職した高齢者も、宗教活動への参加が禁止されている。宗教的な聖地や遺跡へのコルラ（巡礼）も禁止だ。中国共産党政府は、ラサの世界文化遺産ジョカン寺（トゥルナン寺）の前でサンソル（宗教的な供物を燃やすこと）を捧げる宗教活動も禁止し、ルンタ（祈りの旗）の掲揚も禁止された。

文化大革命で破壊された1409年創建のガデン寺の跡。ラサ北部、1985年撮影
出典:チベット博物館アーカイブス(中央チベット政権)

47 文化遺産の破壊

チベットの文化遺産の95％は、文化大革命とそれに続く中国共産党のチベットの「開発プロジェクト」によって破壊された。

中国共産党のイデオロギーを満たすために、チベット国家と文化を抹殺しようとする組織的なプロセスの中で、チベット人は、チベットの伝統文化に対して偽りの悪口や誹謗《ひぼう》中傷《ちゅうしょう》を行うよう強いられた。

ラサにある文化的に重要なチベットの伝統的な世俗的建物は、近代化を口実に中国共産党によって破壊された。

（上）1997年に取り壊される前のトロムシカン宮殿。（右）1997年に取り壊し中のトロムシカン宮殿の様子／（左）トロムシカン宮殿は2013年に「チベット駐在の清国公使の総理衛門の跡地」に変えられた
出典:Tsering Woeser.2014. High Peaks Pure Earth.

48　歴史的建造物の破壊

国際法律家委員会（各国の裁判官・法学者・弁護士からなる「法の支配」確立が目的のＮＧＯ）が１９９７年に発表した報告書によると、「１９８９年から93年にかけ、ラサのバルコル地区の家屋の半分が取り壊された。１９９４年から95年に中国政府は、ポタラ宮の麓にある歴史的なショル地区を取り壊し、住民を立ち退かせ、ディスコを含む観光客向けの中国人店が入る広場や公園を造った。

１９９７年６月には、17世紀にダライ・ラマ６世によって建てられ、ラサに残る最も重要な歴史的建造物とされるトロムシカン宮殿が、共産党のバルコル地区開発計画で『文化的遺物として厳重に保存すべき』とされたにもかかわらず取り壊された。

１９９７年１月から６月の間に、ラサ旧市街の28の歴史的建造物が破壊されたと報告されている。その他、チベットの歴史家シャカプバの家（ファサードが軽微な損傷で残っていた）、ドゥルゲ王の宮殿など、歴史的に重要な建物も１９９７年夏に取り壊された」。

49　伝統医学の支配

当初は「容認されていたが無視されていた」チベットの伝統医学も、中国共産党の直接の支配下に置かれた。仏教的な治癒の概念は一切排除され、その結果、現地の医療行為の多くが無くなった。

ラサの伝統的な僧院だったチャグポリ・チベット医学大学は１９５９年に破壊され、メン・ツィ・カン大学は中国保健当局の直接管理下に置かれた。

２０１９年以降、中国はユネスコにおいて、チベットの伝統的な薬草体系であるソワ・リグパを人類の無形文化遺産として主張するようになった。中国は、チベット亡命者のコミュニティが推進し、ヒマラヤ地帯でソワ・リグパが実践されているというインドの主張に異議を唱え、自説を通そうとしている。

50　芸術家への迫害

チベット人の文化的権利を含む人権について論じようとするチベット人の作家、学者、知識人、歌手を含む芸術家は、中国共産党によって迫害されている。

２００８年6月にチベット人学生グループが発行した雑誌「Shar Dungri（東の法螺貝山）」の編集者と寄稿者は逮捕され、懲役刑を受けた。

「Tsenpoi Nyingtop（王の勇気）」の著者であるガルツェ・ジグメ氏は、２０１３年に2度にわたって逮捕され、判決を受けた。

２０１０年3月には「The Division of Heaven and Earth:on the Peaceful Revolution of the Earth Rat Year（天地の分断：子年の平和的革命）」の著者で、ショドゥン（朝の法螺貝）のペンネームで知られるタギャル氏が逮捕され、投獄された。

１９９３年には、ダライ・ラマ法王を讃える歌を録音していた14人の尼僧グループの刑期が延長された。

２０１２年、四川省アバのアムチョク郡出身のチベット人が、ダライ・ラマ法王を讃える歌を発表し

2010年3月に投獄されたタギャル氏（通称ショドゥン）　出典:High Peaks Pure Earth.

たことで逮捕された。

２０１3年、アバ出身の2人のチベット人歌手が、自己犠牲やダライ・ラマ法王に関する歌をレコーディングしたことで、2年の懲役刑を受けた。

２０１9年、作詞家のカドロ・ツェテン氏と歌手のツェゴ氏が、ダライ・ラマ法王を賛美する歌を発表したことで逮捕され、判決を受けた。２０２0年には、ナクチュのカム・ドリル出身の人気チベット人歌手ルンドゥブ・ダクパ氏が、中国のチベット抑圧政策を批判する歌を歌ったとして、6年の懲役を言い渡された。

GLOBAL TIMES

Xi calls construction of Sichuan-Tibet railway significant to unity and border stability

By Xu Keyue Source: Global Times Published: 2020/11/8 21:38:06

'Infrastructure miracle' significant to unity, stability and economy

四川チベット鉄道の建設を「団結」と「国境の安定」の源とする最近の中国国際紙
出典:Global Times（環球時報）2020年

6

既得権化する開発、経済的疎外感、強制労働

51 進む植民地化

中国の開発政策の目的は、チベットを他地域と区別できない姿にして統合することだ。第7次5ヵ年計画（1986年〜91年）で、チベットを含む「敵対的国境地域」の経済統合政策が始まった。ウイグルなど他の植民地化した国々と同様、中国はチベットを原材料や天然資源の供給源として扱い、見返りに技術、経営、ビジネスのノウハウを持つ「熟練」移住者を流入させた。結果、チベット人の失業者が蔓《まん》延《えん》し深刻な食糧不足に陥った。政府は統合加速のため、1984年に43、94年に62のプロジェクトをチベットで始めた。これらは植民地化に必要な高速道路、ダム、発電所、鉱物の採掘など「ハードインフラ」の整備が目的で、健康、教育、人材育成など「ソフトインフラ」は軽視された。

52 西部開発計画

1998年、旧ユーゴスラビアの民族対立と少数民族の分離独立運動に起因するコソボ紛争にショックを受けた中国は、チベットへの「開発プロジェクト」導入を早め、経済統合を加速させた。チベットの開発は、中国を発展させる口実に過ぎない。

1998年11月、北京は共産党中央委員会直属の2つのハイレベルワーキンググループを設置し、対チベット／対新疆《しんきょう》政策を監督することにした。同時に、中国共産党第15期中央委員会第4回全体会議では、西部地域「発展」の大規模キャンペーンを決定、チベットで新たな鉄道プロジェクトを開始した。西部開発計画のマスタープランナーの一人、陳棟生《ちんとうせい》は、計画の目的が国境の「不可侵性を保証」し、「貧困と民族間の矛盾を利用してアジアにコソボ型の危機を引き起こそうとする敵を叩き潰す」ことだと明かした。北京大学で教鞭をとる欧米の学者は、開発計画の目的を「帝国と共産主義の征服を強固にする試み」と総括した。現在も同じことがあてはまる。

53 広がる所得格差

経済開発が都市部に集中し、特に中国人移民の利益のために行われたことで、中国人移民が多く住む都市部と、チベット人が多く住む農村部の間に大きな所得格差が生じた。

1991年から96年の間に、チベット自治区の農村住民の平均年収は50％増の975元にとどまったのに対し、都市住民のそれは250％増の5030元に急増した。同時に、主に国有企業で働く中国人労働者と、非公式な職業で働くチベット人労働者との間の所得格差も拡大している。

地元の悩みの種となったラサ近郊のグヤマ鉱山　出典:High Peaks Pure Earth.

54　経済的疎外

チベット人は経済体系から疎外されている。チベット自治区やチベット地域に漢民族の移民が大量に流入したため、チベット人は、より高い教育を受け、中国文化を理解し、中国の言語を話す移民集団との競争を強いられている。国営および民間の中国企業は、中国からの移民を優先的に雇用し、チベット人を地域経済への参加から排除している。中国の「西部大開発」の下、中国人労働者や新卒者に、大学のローン返済支援などの特典を提供することで、チベットの遠隔地への移住を奨励している。このような差別的な政策は、現地のチベット人が直面する疎外感を悪化させている。例えば、首都ラサの近くにあるグヤマ鉱山は、地元チベット人に雇用機会をもたらすと中国は主張していた。会社は１９１人のチベット人を雇用し、労働者の35％は非漢民族だと主張していたが、鉱山で大規模な地滑りが発生し、83人の鉱山労働者が死亡すると、そのうち地元のチベット人は2人だけで、残りは中国人の出稼ぎ労働者だった。

55 補助金への依存

チベット自治区の経済成長は、国家補助金や補助金付き投資によって支えられており、地域経済の補助金への依存度はますます高まっている。国の補助金は1990年代に開始され、「西部大開発」の下で年々増加している。2012年の補助金はチベット自治区のGDPの116%という高い水準に達しており、これはチベット農村部の家庭の世帯収入の4・6倍に相当する額である。

しかし、補助金は成長に「マイナスの乗数効果」をもたらしており、チベット自治区の経済の主要な原動力は中国国家から提供されたお金である。チベット自治区の経済成長率が高まっているにもかかわらず、チベット人は中国全土で最も貧しいままである。

国連開発計画によると、2016年のチベット自治区の人間開発指数はわずか0・600で、中国で最も低い数値となっている。また、国連開発計画は生活水準指数でもチベットを中国全土で最下位としている。

56 開発政策

中国政府のチベット「開発」は、占領の永続性を確保するためのものであり、中国の帝国主義的な意図によるものである。

ラサとシガツェ（中国語表記：日喀則）は、チベットの中でもいわゆる「最も開発された」場所であり、2019年の白書で明確に認めているように、これらが開発されたのは「一帯一路構想における2つの重要拠点」だからである。人民解放軍をチベットに呼び込むために建設されたラサへの高速道路のように、高速道路、鉄道、航空路、橋、水力発電など、中国のあらゆる開発プロジェクトの目的はただひとつ、「祖国」中国の発展と進歩のためであり、チベットのような植民地は、この目的を果たすべく、「開発」という名の付随的な利益のために利用されている。

2019年版白書によると、都市部のチベット人の最大の収入源（約75・45%）は給与で、農村部の住民の最大の収入源は農業（約55・52%）である。60年の占領期間のあいだ、中国はチベットで目立った第二次産業を開発していない。チベット人が補助金に

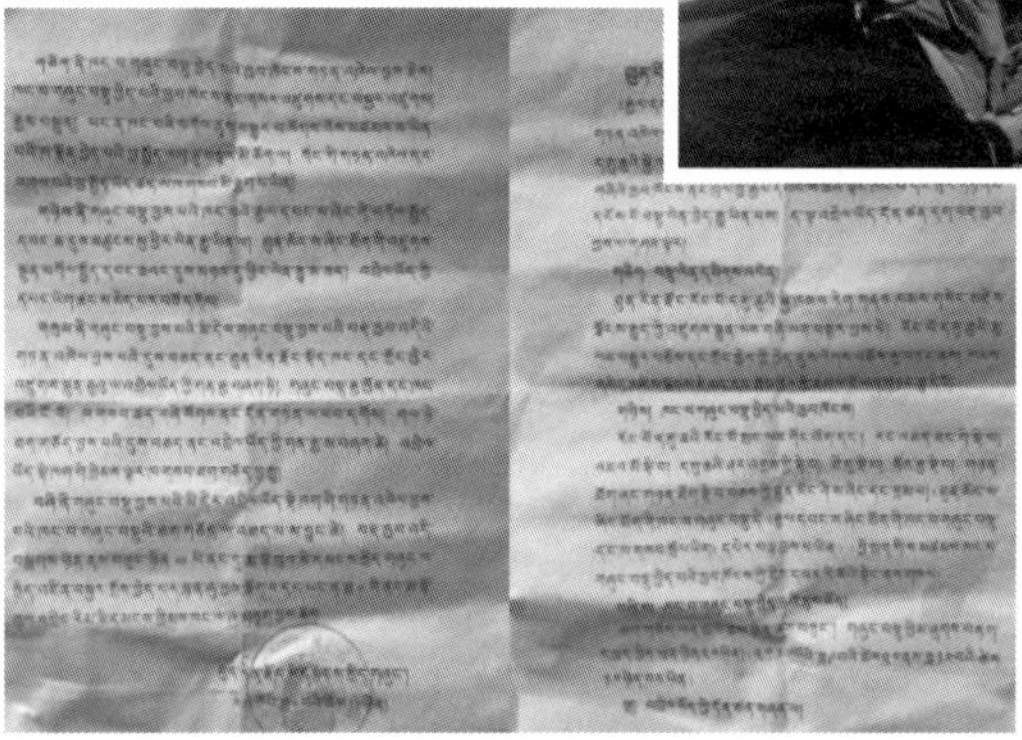

（上）甘粛省のサンチュ県で高速道路建設のための土地収奪に抗議するチベット人。出典:ラジオ・フリー・アジア　2014年／（左）開発目的で、レブコン県ロンポのグチュ川付近に住むチベット人の家に届いた没収通知
出典:フリーチベット　2017年

依存するようにし、中国共産党が押し付けた恣意的な一線を越えただけで補助金を打ち切ることで、チベット人の力を奪う。これは好景気なのではなく、チベットの経済を悲惨な状況にして、中国に依存させるための政策である。

四川省セルシュル県の新社会主義村を宣伝する看板　写真:Tsering Woeser　出典:2013年 ヒューマン・ライツ・ウォッチのレポート『They Say We Should Be Grateful:Mass Rehousing and Relocation Programs in Tibetan Areas of China』(『「我々は感謝すべきだと彼らは言う」中国のチベット地域における大規模な再住宅化と再配置プログラム』)

57 「新しい社会主義」

中国の経済開発政策とその実践は、チベット人独特の伝統的な生活様式を消し去ろうとしている。

２００６年以来、中国の「新しい社会主義の田舎を作る」という取り組みのもと、いわゆるチベット自治区で２００万人以上のチベット人が移住させられた。これは、農村部のチベット人の生活水準を向上させ、地域経済を活性化させるためだと中国は主張している。だがここには、何千人もの遊牧民が、何世紀にもわたって続いてきた遊牧の地から移住することも含まれている。２０１２年の国連食糧特別報告者の報告書によると、２２５万人のチベット人遊牧民の50％から80％が移住させられた。

チベット人は強制的に連れ去られ、自分たちの生活様式を根本的に変えてしまう大規模な移住政策に対して何も抗《あらが》うことができない。

58　遊牧民の強制移住

遊牧民の強制移住は、チベット自治区における開発プロジェクトの増加、特に鉱業活動やダム建設プロジェクトによっても引き起こされている。

不満が広がっているにもかかわらず、中国は資源採掘のために遊牧民の土地へ立ち入り、伝統的な農法をやめさせることに執着している。

その結果、地元のチベット人の間では、強制移住によって自分たちの伝統的な生活様式が根絶されてしまうのではないかという不安と、憤《いきどお》りが高まっている。

59　移住の強要

大勢の遊牧民が自発的に移住したわけではない。事前の相談や代替案の提示もなかったのだ。地元の人々は、逮捕や政府の報復を恐れて、この政策に公然と反対することを避けている。

最近の例では、中国当局の支援を受けて大規模な違法採掘が行われた後、中国共産党はその場所を国立公園に変えようとしている。このため、中国はテムチェン郡のムル地区やスル村、ドゥッキョン村に住む４千人のチベット人の農民や遊牧民に、２０２０年末までに青海省のゴルムド市に移住するよう強要した。これは、農民や遊牧民の持続可能なライフスタイルを奪うだけでなく、彼らを政府の福祉制度に依存させるもので、それが後々、彼らを強制的に縛りつける手段として使われることになる。

2016年 チャムドのキャンプでのチベット人の「軍隊式」訓練　出典：エイドリアン・ゼンツ氏のレポート『新疆の軍隊式職業訓練制度がチベットに上陸』China Brief 2020年

60 強制労働収容所

エイドリアン・ゼンツ氏が調査・公表した２０２０年の報告書によると、50万人以上のチベット人が強制労働収容所に収容されており、これは人口のほぼ15％にあたる。「２０１９〜２０２０年 農民・遊牧民訓練と労働力移転行動計画」などと名付けられた様々なプログラムの下で、50万人以上のチベット人が強制労働に従事させられている。これがチベット自治区で広く行われている強制労働のシステムである。

50万人以上のチベット人が、強制的な洗脳、侵入型の監視システム、軍隊式の強制、厳しい処罰を伴う強制労働の訓練を受けている。中国政府は、違法な農地買収やチベット人遊牧民の強制移住によってチベット人の生活基盤を奪い、さらに「貧困削減」や「開発」の名の下に、チベット人を労働キャンプや工場に集めて絶対的な服従を強いている。

7
環境の悪化と気候変動

中央チベット部にあるギャマ渓谷の川を汚染する採掘場。
出典:Environmental Justice Atlas.

61　チベットの環境危機

中国の欠陥だらけの環境・開発政策によって、資源の豊富なチベット高原は、鉱山開発やダム建設の拠点となっている。このような活動は、チベット高原の環境に危機的な状況を引き起こし、何世紀にもわたってチベットの自然環境を維持・保護してきた伝統的な農法を脅かしている。このような環境の悪化は、草原地帯、森林、水資源、野生生物において顕著《けんちょ》に見受けられる。

また、チベット高原は世界で最も標高の高い場所に位置していることから、チベット高原の気温上昇は、アジアと世界中の気候変動を推進・増幅させてしまう可能性が高い。

62 過剰な森林破壊

中国の侵略の前、チベットの古代からつづく森林の面積は22万1800平方キロメートルだった。それが1985年には13万4千平方キロメートルと、ほぼ半分になってしまった。チベット高原の森林破壊のほとんどは、計画的な商業用木材の伐採によって引き起こされている。当局が国家調達枠を強いたことで、森林資源の乱開発は進んだ。

それは生態学的にも経済的にも持続可能な原則に反していた。チベット自治区南東部のニングリ地域では、1980年までの約20年間、2万人以上の中国兵とチベット人囚人が木の伐採と木材の輸送に従事した。チベット自治区以外では、1949年にアムドのアバ地域に220万ヘクタールの森林があった。当時の木材埋蔵量は3億4千万立方メートルだった。しかし、1980年代には117万ヘクタールにまで減少し、木材埋蔵量も1億8千万立方メートルにとどまっている。同様に、現在は甘粛省に編入されているカンロからも、1985年までに644万立方メートルの木材が伐採されたことが確認されている。

これらの木材を幅30センチ、長さ3メートルの丸太に切り、端から端まで並べると、地球を2周する長さになる。1980年代初頭には、アクセスの良いチベット地域の森林資源が減少したため、伐採作業地をより遠隔の場所に移さなければならなくなった。同時に、土地の激しい傾斜や少ない土壌水分量、昼夜の激しい温度差、土壌の表面温度の高温化のため、自然の森林再生は最小限にとどまっている。チベットの森林再生には70年から100年かかると言われている。したがって、チベット高原での森林伐採の破壊的な影響は元に戻すことができない。

63 氷河の後退

北極、南極に次ぐ世界の第三極と呼ばれ、4万6千もの氷河が存在するチベット高原では、急速な氷河の後退が起きている。１９５０年代以降、チベットでは10年ごとに最大0・3℃の気温上昇が記録されており、これは世界の平均気温上昇の2倍のペースにあたる。

高原の気温上昇のために、82％以上の氷河が解氷しただけでなく、１９５０年代以降、氷の純蓄積が起こらなくなっている。また、夏の到来が早くなったため、高原の解氷時期が早まり、長期化するようになった。科学者たちは、現在の解氷速度が続けば、２０５０年までにチベット高原の氷河の3分の2が枯渇《こかつ》するだろうと警告している。また、この急速な解氷により、河川の流量が急増し、夏にはチベット全土で洪水が発生するケースが増えている。

64 永久凍土の劣化と草原の砂漠化

チベット高原の約70％は様々な種類の永久凍土に覆われており、そのほとんどが（標高が高いため）高山性の永久凍土である。夏の間に永久凍土が適度に溶けることで、雨の少ないチベット高原で植物が育ち、チベット北部や北東部の広大な草原の生命を維持してきた。しかし「Journal of Desert Research（砂漠の調査報告）」誌に２００1年に掲載された研究によると、１９９5年、チベットの31万3千平方キロメートルの土地が劣化し、さらに3万平方キロメートルの新たに劣化し砂漠化した土地が確認されたという。国連開発計画の報告書（２００７年）によると、チベットの草原は1年あたり２３３０平方キロメートルの割合で砂漠化している。北東部のゾイゲ湿地の砂漠化は、年率10％の早さで進行している（２０１２年中国対話）。高山草原はチベット高原の主要な生態系で、総面積の60％以上を占める。永久凍土の急速な劣化で、チベット北部および北東部の多くの地域で草原の砂漠化が加速した。このままではチベットの大部分が砂漠化する可能性がある。

2018年10月、ジョムダ郡ポーの洪水。地元民は過度な採掘とインフラ工事に関連があると主張している
出典:フリーチベット

65 チベットで頻発する自然災害

２０１６年以降、チベットでは未曾有の自然災害が多発しており、洪水や地滑りが高原全域で同時に発生している。

２０１６年7月9日にチベット北東部のツォロで発生した洪水と地滑りでは2名が死亡、30名以上が負傷した。北部のチュマレッブとマトでは7月に干ばつが発生した。7月17日、西部ンガリのルトップ郡で氷河性の雪崩が発生し9人が死亡、１１０頭のヤクと３５０頭の羊が雪に埋もれた。8月22日には北東部のラブランとサンチュで洪水が発生し、多くの財産が破壊された。２０１７年のチベットはさらに危険な自然災害に見舞われ、6月15日にはロンダックで6千軒の家屋が浸水し3万人が影響を受け、6月16日にはソクゾンで4軒の家屋が、7月6日にはデルゲで多くの家屋が、同月に東部のジョムダで3人が命を落とし、多くの家屋が洪水の被害を受けた。

残念ながら、中国政府はこれらの災害にほぼ無策だった。適切な対策を講じれば、人命の損失や財産の被害は大幅に軽減できたはずである。

2016年 東チベットのアムチョク・ゴン・ラルの聖なる山で行われた採掘に対する抗議活動
出典:South China Morning Post.

66 環境悪化で頻発する抗議活動

中国の採掘産業は、土地の侵食や人間と家畜のための水源の汚染など、広範囲にわたって環境破壊を引き起こしながら、豊富な鉱床を利用しようとしている。そこで、環境悪化に対する抗議行動が相次ぐようになった。

- 雲南省デチェン・チベット自治州デチェン郡での反鉱山抗議活動（２０１６年11月）
- 甘粛省カンロ・チベット自治州サンチュ郡での反鉱山抗議活動（２０１６年5月）
- 四川省ミニャク郡での反鉱山抗議活動（２０１６年5月）
- 四川省カンゼ・チベット自治州ダルツエド郡での水質汚染抗議活動（２０１６年5月）
- チベット自治区ラサ市メルド・グンガル郡での水質汚染抗議活動（２０１４年9月）
- 青海省玉樹・チベット自治州ナンチェン郡での反鉱山抗議活動（２０１４年8月）
- 雲南省デチェン・チベット自治州デチェン郡での反鉱山抗議活動（２０１４年7月）

- チベット自治区チャムド市ゾガン郡での反鉱山抗議活動（2014年4月）
- 四川省カンゼ・チベット自治州デルゲ郡での反鉱山抗議活動（2013年12月）
- 四川省カンゼ・チベット自治州ダルツェド郡での水質汚染抗議活動（2013年10月）
- 青海省玉樹・チベット自治州ザトェ郡での反鉱山抗議活動（2013年8月）
- チベット自治区ナクチュ市ビル郡での反鉱山抗議活動（2013年5月）

67 破壊的な採掘行為の影響

中国当局は、レアアースの大規模な採掘と相まって、破壊的で無責任な採掘行為を全土で行っており、大規模な環境悪化を招いている。

チベットには、推定132種類の鉱物が埋蔵されており、これらは、クロム、塩、銅、銀、石炭、金、リチウム、鉛、亜鉛、アスベスト、石油、ガス、マグネシウム、炭酸カリウム、ウランなど、世界の鉱物資源の埋蔵量のかなりの部分を占めている。

中国政府は、経済成長を支えるため、また高価な輸入品への依存を減らすために、鉱石や天然資源の採掘を積極的に行ってきた。

公式に表明されている環境保護政策と実態との間には矛盾があり、チベット高原の開発は抑制されず、洪水、地滑り、河川の汚染などの自然災害がしばしば発生している。

2019年に7年の懲役刑を宣告されたチベット人遊牧民で環境保護活動家のアニヤ・センドラ氏　出典:チベット・ネット(中央チベット政権)

68　環境保護活動家の迫害

チベットの環境保護活動家たちは中国当局に迫害されている。チベットの遊牧民であり、有名な環境保護活動家であるアニヤ・センドラ氏は、２０１９年に7年の禁固刑を言い渡された。違法な採掘、遊牧民の強制的な定住、違法な土地の収奪に対して、自分たちの権利のために集団で闘おうとするチベット人のあらゆる試みは「邪悪な暗黒の犯罪」という烙印《らくいん》を押されている。環境保護のために小さなグループを作ろうとする試みは「分離主義の行為」とみなされる。

マロ（黄南）チベット自治州レプゴン（同仁）市で、中国当局が取得したコミュニティの土地の返還を求める非公式の組織を作ったとして、9人のチベット人が刑に処された。彼らは「悪の組織」を設立した罪で有罪となった。

1960年から2013年までにヒマラヤ山脈で発生したマグニチュード5以上の地震の分布図

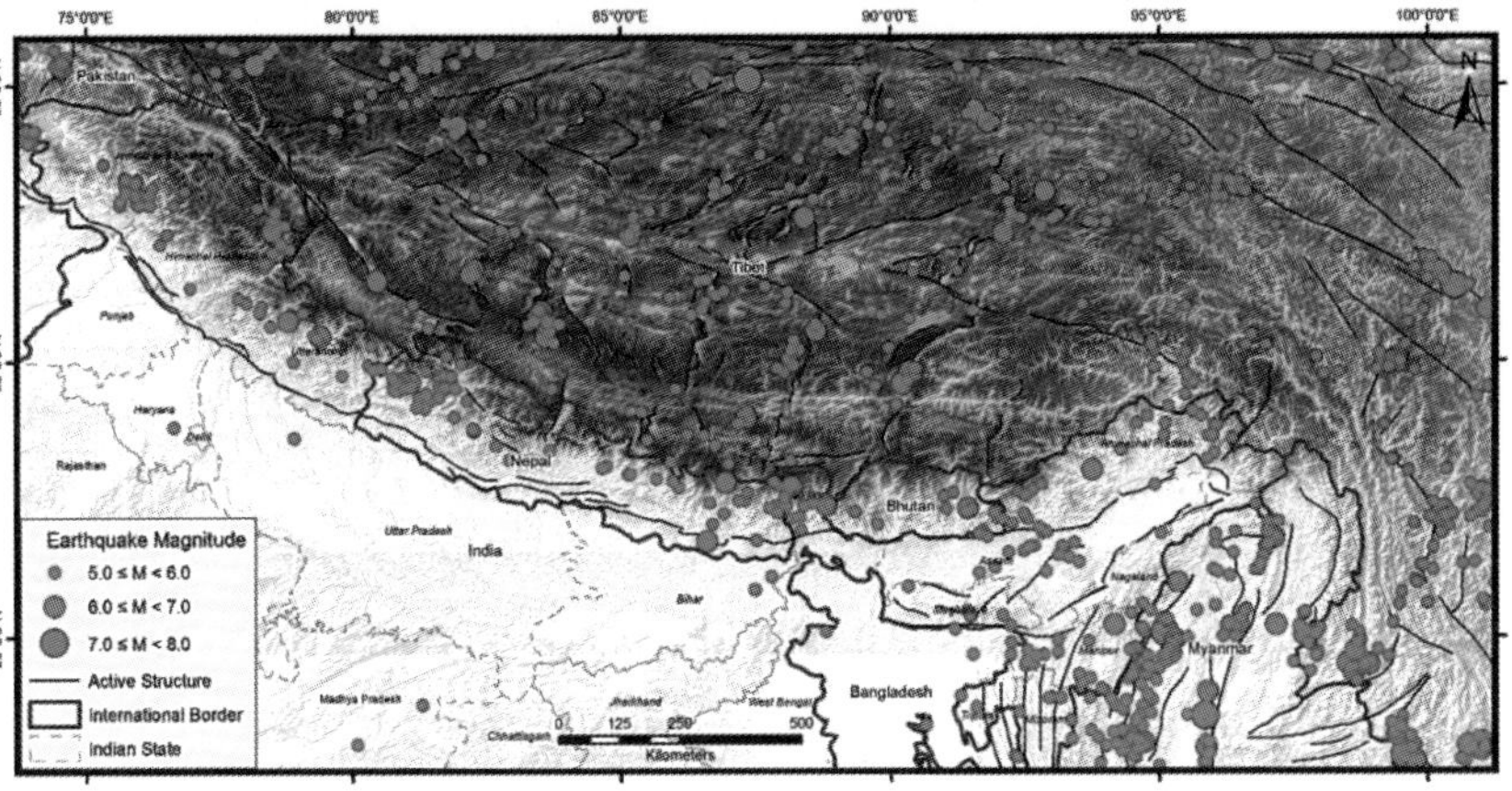

出典 :Environment and Development Desk at DIIR,CTA.
（中央チベット政権情報国際関係省環境・開発デスク）

69 無責任なダム建設の影響

１９６０年代以降のチベットでの絶え間ないダム建設や新たな巨大ダム計画は、生物の多様性を破壊し、地震など自然災害の直接的な原因になっている。国際環境保護団体のプローブ・インターナショナルは２０１２年４月、中国西部のダムの98・6％が、中程度から非常に高い地震危険地帯に位置していると警告した。２０１７年以降、中国、ネパール、インド、ブータンで相次いで地震が発生しており、巨大ダム建設との関連が指摘されている。

70 水不足と水戦争

水不足は紛争の引き金になる。第三極（ヒマラヤ山脈）での気候変動が地域紛争、さらに地政学的な国際紛争につながるリスクは高い。２０１８年の欧州委員会の調査では世界的な気温上昇と人口増加で、今後50年～１００年の間に国際紛争の発生可能性が75～95％増加すると指摘。この地域で「水資源問題」が発生すると示唆した。チベットでの巨大ダム建設計画は、国際平和にとって深刻な脅威となる。

8

チベットの政治犯と拷問による死亡者

中国の刑務所での拷問が原因で2014年3月19日に43歳で死亡したチベット人、ゴシュル・ロブサン氏　出典:ラジオ・フリー・アジア・チベット語

71　恣意的な拘束、逮捕、判決

チベット人が恣意的な拘束、逮捕、判決を受けるのはもはや当たり前の「ニューノーマル」となっている。チベット人が真夜中に居住地から連行され、数ヶ月間誰も行方を知らないことがしばしば起こっている。拘留中、人権活動家は拷問を受け、自分の「罪」を告白するよう強要される。

マチュ県出身のゴシュル・ロブサン氏は、２００８年のチベット全土での抗議活動に関与した罪で２０１０年に逮捕され、懲役12年の判決を受けた。厳冬のなか裸で放置され、食事も与えられず、激しい殴打や拷問を受けた後、監禁致死罪の適用を避けるために早期に釈放された。ロブサン氏は刑務所での拷問が原因で、２０１４年３月に妻と２人の子供を残して43歳で亡くなった。

ソグカル・ロドとしても知られるロド・ギャツォ氏　出典：チベット・ネット（中央チベット政権）

72　ロド・ギャツォ氏

チベット人は自分の身を守ることができないまま、しばしば不当な裁判にかけられる。まず、裁判書類はチベット語ではなく、すべて中国語で書かれている。このことは、国連人種差別撤廃委員会が2018年に発表した見解でも重要視されている。第二に、チベット人は法廷文書のコピーさえ与えられず、弁護のための証拠を提出するのも許されない。告訴に対抗するために弁護士を立てることも滅多にできない。裁判と呼ばれるものは、しばしばうわべだけで、家族や親戚でさえ、被告人がすでに裁判にかけられ、判決を受けたことを後から知ることになる。

ロド・ギャツォ氏は、2018年1月にラサのポタラ宮の前で平和的な抗議活動を行ったため逮捕された。彼の妻ガキィは、抗議活動に行く前に彼の動画を撮影したことで逮捕された。ロド・ギャツォ氏は非公開裁判の結果、18年の懲役刑、妻のガキィは2年の懲役刑に処せられた。彼らの家族は2018年11月になってようやく、その裁判について知らされた。

2010年3月、ラサの通りをパトロールする武装車両　出典:中央チベット政権「The Burning Question」

73 法律の乱用

中国は、法律で定める犯罪の定義が曖昧《あいまい》で広すぎることを悪用して、チベット人を冤罪に陥《おとしい》れてきた。その典型的な例が、テロ対策法の悪用である。

国連人権理事会の12の特別手続機関は、中国への共同声明で、このような悪用により「恣意的な拘束、強制的な失踪、司法の監視と手続き上の保護措置の欠如などを引き起こし、表現の自由や思想・良心・宗教の自由、平和的集会の自由、教育を受ける権利、移動の自由などの権利が、特にウイグル人やチベット人などの指定少数民族を中心に、治安が悪化した環境下で制限される」との懸念を表明した。「組織的犯罪」や「邪悪な暗黒の勢力」キャンペーンの名の下に、多くのチベット人が標的にされ、迫害されている。環境保護活動家である前出アニヤ・センドラ氏は、違法な土地買収に反対する声を上げ、コミュニティの土地の返還を求めたことで、２０１９年12月6日に7年の禁固刑を言い渡された。彼は「悪の組織」を設立した罪で起訴された。

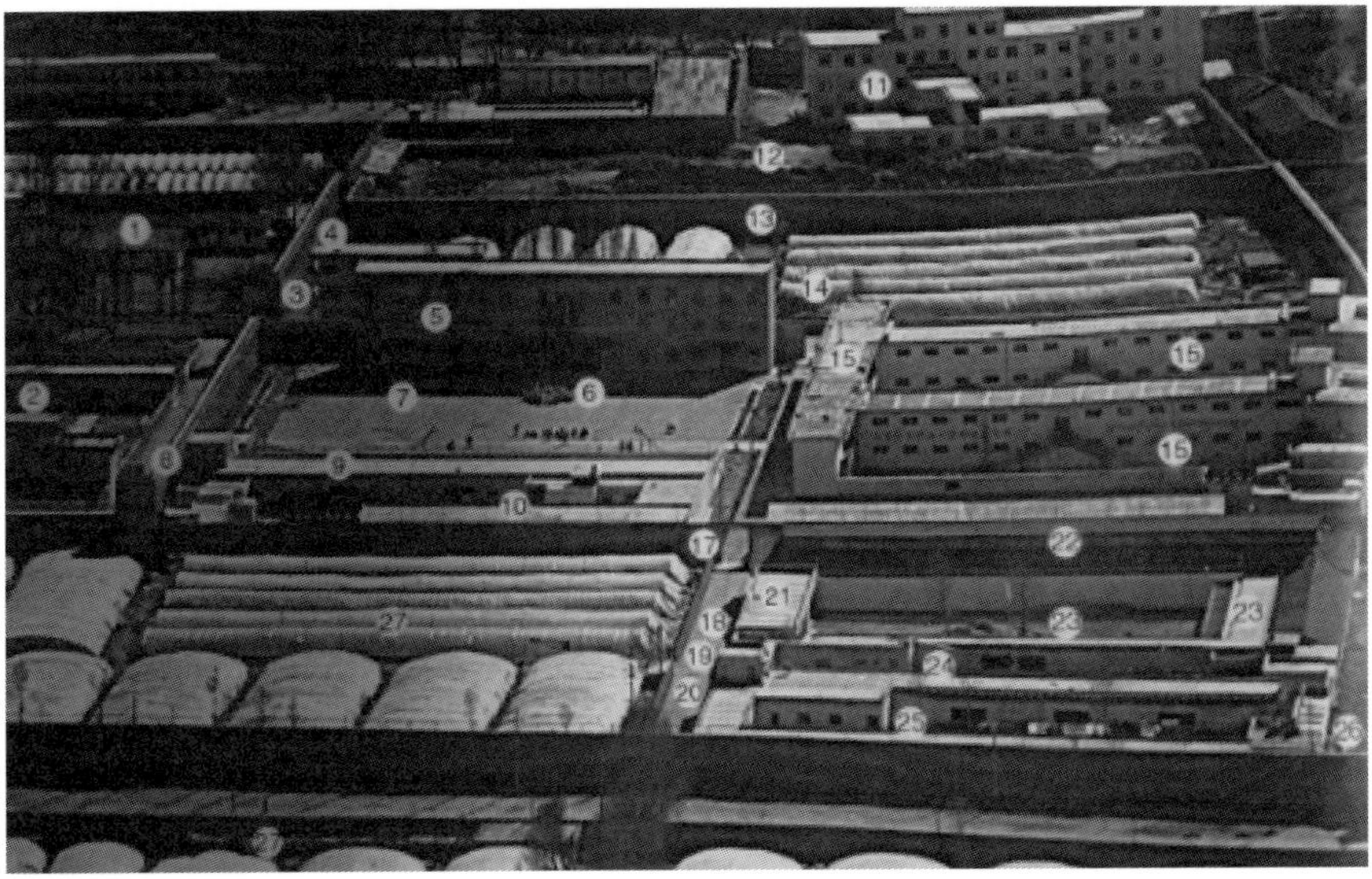
2000年代初めの悪名高いドラプチ刑務所の主要部分
出典:Steven D. Marshall's Rukhag 3 The Nuns of Drapchi Prison.

74 強制失踪、拷問、拘留死

しばしば、チベット人は公式の罪状なしに何ヶ月も拘束され、その間、非人道的な扱いや拷問を受ける。また、拷問で死亡したケースも多々ある。

75 ドラプチ刑務所

1998年5月、ラサのドラプチ刑務所では、英国、オーストリア、ルクセンブルグの北京駐在大使で構成される欧州連合代表団が訪問した際に、「ダライ・ラマ法王に長寿を」「フリーチベット」などのスローガンを叫んだということで、少なくとも10人の囚人が拷問を受け死亡した。抗議者のリーダーであるカルマ・ダワ氏は処刑され、生き残った抗議メンバーには4年から5年の刑期が延長された。

クンチョク・ジンパ氏（日付不明）　出典：ヒューマン・ライツ・ウォッチ

76 クンチョク・ジンパ氏

中国の刑務所で21年の刑に服していたチベット人のツアーガイドが、２０２１年2月6日、刑務所における負傷のために死亡したとヒューマン・ライツ・ウォッチが報じた。

クンチョク・ジンパ氏（51歳）は、2月6日、刑務所から移送された後、ラサの病院で亡くなった。彼は脳出血を患《わずら》い、身体は麻痺していた。彼は、２０１３年11月8日、家族にも知らされないまま中国当局に拘束された。

２０１３年、すべての家が中国国旗を掲げることを余儀なくされた。この中国による強制的な中国国旗掲揚キャンペーンに対して、チベット人が一連の平和的な抗議を行なった後、数百人がディル郡で拘束された。クンチョク氏は、その一人だった。彼は同地域での抗議活動の情報を外国メディアと共有したことで国家機密漏えいで有罪とされ、懲役21年の判決を受けていた。

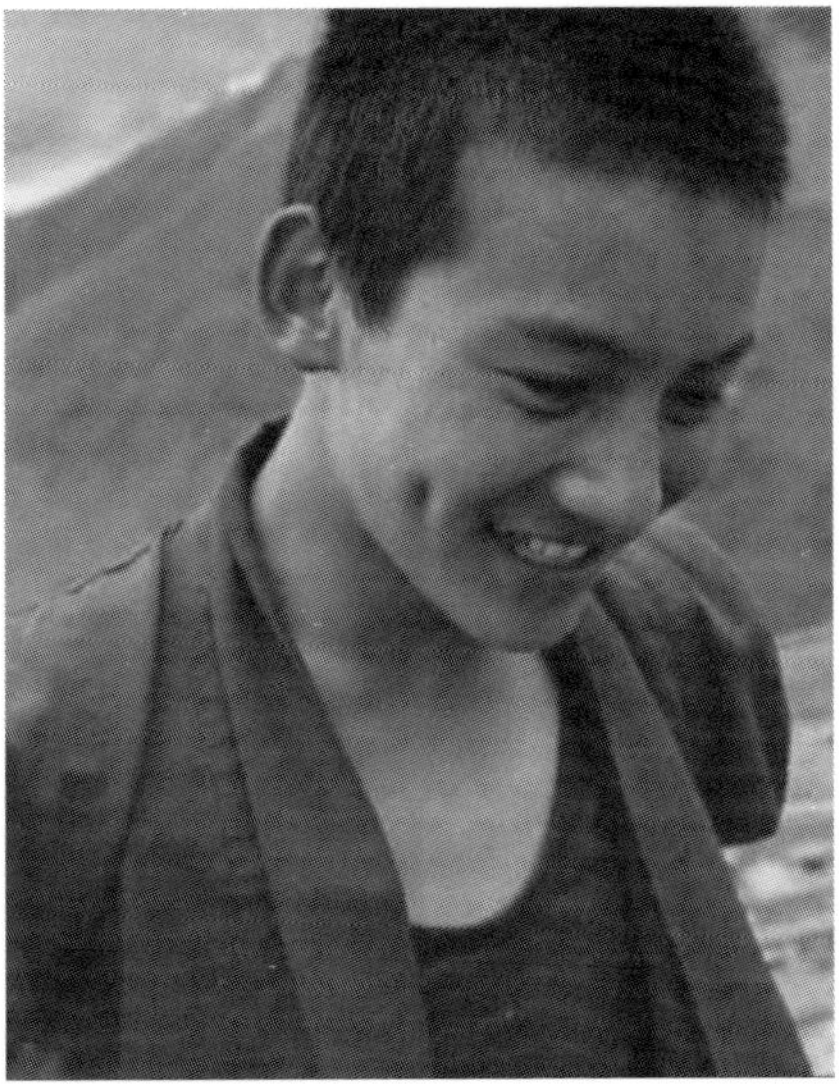

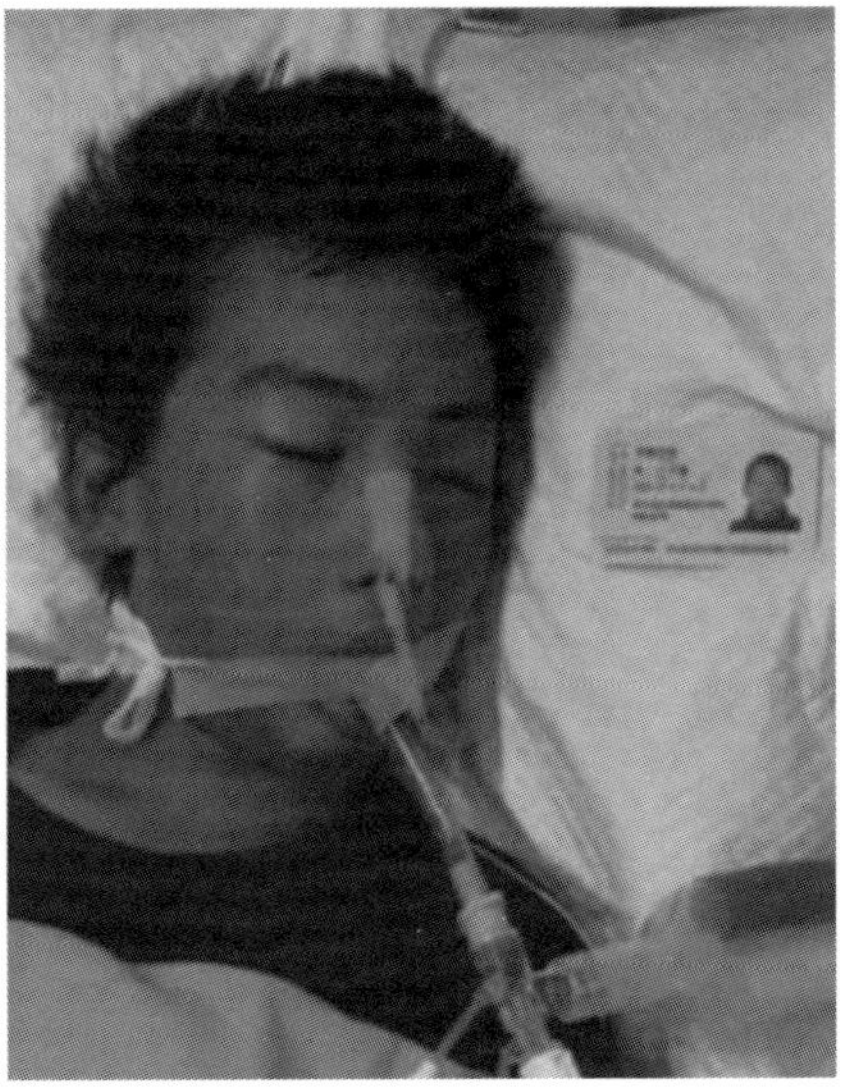

（左）19歳の僧侶テンジン・ニマ氏の投獄前と、（右）投獄後2021年1月に負傷して死亡する前の写真
出典:The Tibet Post.

77 テンジン・ニマ氏

２０１９年11月に平和的な抗議活動を行ったことを理由に、中国当局から激しい殴打と拷問を受けたザウォンポの19歳のチベット人僧侶テンジン・ニマ氏が２０２１年１月19日に死亡した。

テンジン・ニマ氏は２０１９年11月９日に恣意的に拘束され、２０２０年５月に一時的に釈放されたが、２０２０年８月11日に再逮捕された。拘束されている間、中国当局から拷問を受けていた。殴られて重傷を負い、まともな食事も与えられなかったために健康状態が悪化し、動くことも話すこともできないほどになってしまった。２０２０年10月初旬、刑務所当局はテンジン・ニマ氏の家族に彼の深刻な健康状態を伝え、彼を刑務所から連れ出すよう指示した。病院に連れて行ったところ、医師は彼の状態が危機的であり、怪我は治療不可能であると宣告した。その後、彼は死亡した。

2011年、中国四川省に編入されたチベット地区で、中国の治安部隊に強制的に連行されるチベット人
写真提供:Boxun website

78　刑務所内での差別

チベット人の政治犯は、中国の刑務所制度の下で、しばしば差別されている。彼らは、過酷な肉体労働や拷問を受け、「善行」や「肉体労働」によって蓄積されたポイントを手当てや減刑に利用することもできない。刑務所の食事はほとんど食べられないが、家族は刑務所から被収容者に与えられた食事の代金を支払わなければならず、経済的に大きな負担を強いられている。

彼らの親族や友人は、囚人に会うことができない。多くの場合、親族は政治犯がどこに連れて行かれたのかを知らず、それを知るためには、役人を買収しなければならない。政治犯は拷問され、殴られる。彼らの命が危険にさらされると、監禁死として扱われることがないように、早期に釈放されることになる。

ラサのバルコル警察署で拘束されるチベット人デモ隊。1988年撮影
出典:チベット博物館アーカイブス(中央チベット政権)

79 釈放後の政治犯の取り扱い

刑務所から釈放されると、政治犯は監視・追跡の対象となる。彼らは、いかなる福祉給付金も受けられない。これらの囚人のほとんどは、健康状態が悪化した状態で釈放されるが、医療手当てを受けることさえできない。

80 チベット人政治犯の総数は不明

情報に透明性が欠けているため、チベットにおけるチベット人政治犯の総数に関する具体的な情報は出ていない。大まかな推定では、500~2千人のチベット人政治犯がチベットの刑務所に投獄されている。

2008年のチベット全域での抗議デモの後、中国治安部隊はチベット人の家を襲撃し、正当な法的手続きを経ずに人々を逮捕した。逮捕された人々はその後、監獄に収容された
出典:中央チベット政権「The Burning Question」

9 チベットにおけるその他の人権侵害

81 表現の自由の欠如

チベットには表現の自由が全くない。人権活動家は、チベットの人権状況の悪化に懸念を表明しただけで、しばしば隔離拘留、恣意的な逮捕、不当な裁判、恣意的な判決を受ける。前出の言語権活動家タシ・ワンチュク氏は、ニューヨーク・タイムズ紙に、学校でチベット語を使う権利を求めてデモ行進する意向を語っただけで「分離主義を煽動した」と逮捕され、5年間の懲役を言い渡された。判決への不服申し立ては却下され、弁護士に会って話をする権利も認められなかった。キルティ僧院の僧侶ソナム・パルデン氏は、２０１９年9月、中国のチベット語政策に対する批判的な意見をソーシャルメッセージアプリＷｅＣｈａｔに投稿したとして、アバで逮捕された。シガツェ県のワンチュク氏は、２０１９年3月に

チベットのカンロで「恐喝」と「強制売買」を理由に9年から14年の懲役刑を受けた10人のチベット人、タシ・ギャツオ氏、ニンチャク氏、ギャロ氏、ソナム・ギャル氏、タクタル・ギャル氏、ツェワン氏、テンパ・ギャツオ氏、タムディン・ドルジェ氏、タムディン・ツェリン氏、チョエパ・ツェリン氏　出典:State medis handout(国営メディア配布資料)

ＷｅＣｈａｔでチベット語の書籍を共有したことで拘束された。タシゾン地区ペレッブ村に住むツェリン・ドルジェ氏は、亡命中の弟とチベット語の重要性について電話で会話したため、２０１９年2月20日に拘束された。彼は拘留中に拷問を受けた。

82　移動や集会の自由の欠如

チベット人は、指定されたチベット地域、いわゆるチベット自治区内であろうと、中国全土や海外であろうと、自由に移動する権利を持っているはずだ。しかし、移動するためには登録をして許可を得なければならず、海外に行く際にはパスポートの申請が却下されるのが常である。また、彼らには集会を開く権利もなく、土地の略奪や環境破壊に対する不満を訴えるために小さなグループを結成するだけでも、メンバーは刑事責任を問われ、しばしば厳しい処罰を受けることになる。

83 臓器狩り

厳重に警備された刑務所の壁の向こうで強制的に臓器を摘出される恐れもあるチベット人への懲罰的環境は、さらに悪化している。非政府組織「中国での強制臓器収奪に対する民衆法廷」は、拘束されたチベット人が謎の死を遂げ、強制的な臓器摘出が行われていると指摘し、中国は「犯罪国家」だと非難した。民衆法廷の５６２ページに及ぶ判決文には、法輪功学習者、チベット仏教徒、ウイグル族イスラム教徒等への強制臓器摘出の詳細が記される。さらにノーベル平和賞候補で「中国における臓器乱用をなくす国際連合」の共同創設者イーサン・ガットマン氏の著書「The Slaughter（虐殺）」を紹介し、「２００8年のチベット動乱後、多くの囚人は臓器摘出が盛んな四川省や青海省に移送された。チベット国内では近代的な病院の建設が急激に増加した」と述べた。ガットマン氏は「最良推定値」として２０００年～08年に6万5千人の法輪功学習者、「2千～4千人」のウイグル人、チベット人、キリスト教徒の臓器が「摘出」されたと述べた。２０２１

2011年、四川省アバにあるキルティ僧院の僧侶が分離主義を理由に大量に拘束され、首に「分離国家」のプラカードをかけられ、移送されている様子。著者のイーサン・ガットマン氏が指摘するように、恣意的に拘束された人々は、強制的に「臓器摘出」される危険性がある　出典:AsiaNews

年6月14日、国連の専門家12名は、「強制的な臓器摘出に関する信頼できる報告や情報」に基づいて中国に対し深刻な懸念を表明し、国際人権機構による独立した監視を認めるよう要求した。彼らは、中国は強制的な臓器摘出のためにチベット人、ウイグル人、法輪功学習者、イスラム教徒、キリスト教徒、その他の拘留者をしばしば、恣意的に逮捕していると指摘した。

チベット人の携帯電話の中の情報をチェックする中国人公安官　出典:中央チベット政権「The Burning Question」

84 グリッドベースの監視システム

２０１３年以降、中国共産党の権威に挑戦する個人や行動は「分裂主義者」や「過激派」とみなされ、人々は近隣地域を自警の場とするようになった。

この草の根的な監視方法は「二重に結ばれた世帯システム」（別名グリッドシステム）によって、政府の目の延長線上にあるように、世帯のグループがお互いに情報を共有し、報酬や罰を受けて報告するというものである。

チベット人が伝統的にコミュニティの福利を管理する実質的な福祉団体であるキドゥグを中国共産党が禁止していることを考えると、このような世帯のつながりの形態は、社会福祉のツールとは程遠いものである。

四川省アバにあるキルティ僧院の管理室からの高度な国家監視画像
出典:International Campaign for Tibet.（インターナショナル・キャンペーン・フォー・チベット）

85 ハイテク監視システム

中国は、全国に大規模な監視システムを配備している。しかし、このような監視システムの影響を最も受けているのは、チベット人、ウイグル人、モンゴル人などのいわゆる少数民族である。

中国当局は、効果的な監視のために、DNAや音声などの生体認証、氏名、生年月日、身長、肌の色、目の色、歯科治療記録、居住地の住所、電気メーターの番号、礼拝の習慣、毎日のスケジュール、購買行動、ゲームの習慣、社会的な知人、公共の場でのルールの遵守などの個人情報を収集している。当局はさらに、QRコード、生体認証、人工知能、電話用スパイウェア、監視カメラ、顔認識、ビッグデータなどを利用したハイテク集団監視システムを推進している。

86　検閲

間違いなく公然の秘密であるが、中国共産党は、どのサイトに人々がアクセスできるかだけでなく、どのようにアクセスするかも制限している。「ダライ・ラマ」、「チベット」、「台湾」、「法輪功」など、中国共産党がセンシティブと判断した検索を遮断《しゃだん》する包括的なフィルター・システムにより、ユーザーが選択できる選択肢自体をコントロールしている。政府の透明性の欠如は、国際的なメディアを含む中国国内の独立したニュースチャンネルの欠如や、ツイッターやフェイスブックなどの一般的なソーシャルメディアサイトへの市民のアクセスが禁止されていることによって、さらに悪化している。中国はグレート（レッド）ファイアウォール（金盾）を導入し、アクセスを妨害している

87　情報へのアクセスの制限

インターネットの利用は「インターネット閲覧登録カード」の発行を通じて、国家によって全面管理されている。このカードは、インターネットカフェで少額の費用で入手でき、このカードを個人に結びつけることで、インターネットを利用するチベット人を特定することができる。偽のＩＤで登録した場合には罰せられる。ラサの場合、このカードはラサ公安局のインターネットセキュリティの下にある公共情報局によって発行された。２００３年には、チベット人のインターネットユーザーが外国人と通信したことで、２つの政府機関で9時間以上も厳しく取り調べを受けた、という事件があった、

2008年6月、ラサのポタラ宮の前をパトロールする中国警察　出典:ラジオ・フリー・アジア・チベット語

88 警察国家

チベットの党書記を務めていた陳全国（前出）は、在任期間中の2011年から16年の間に4倍以上の警察官を採用し、1万2千人以上の警察官と警備員を集めて、就任後数ヶ月で「（統制に）便利な警察署」を迅速に展開した悪名高い人物である。

8人の焼身自殺を扇動した容疑で死刑判決（執行猶予２年）を言い渡されたキルティ僧院の僧侶ロブサン・クンチョク

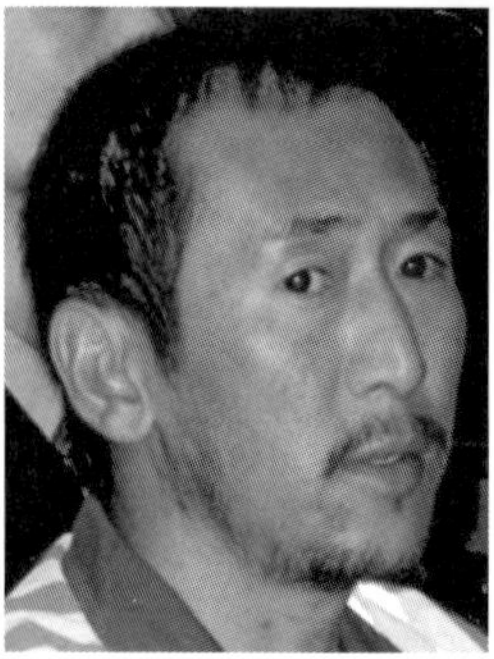

2012年10月10日、甘粛省甘南の公安局が同ラブラン地区で発行した、チベット人の焼身自殺の「黒幕」について情報を提供した者に多額の報奨金を支払うとの通知

自殺したクンチョク・ワンモの夫ドルマ・キャブは、妻を殺害し、遺体を燃やして焼身自殺したように見せかけた容疑で死刑判決を受けた　以上出典:中央チベット政権「The Burning Question」

89 プライバシーの権利の侵害

広範な監視システムは、チベット人の私生活に壊滅的な影響を与える。オンラインでもオフラインでも安全ではなく、土足で踏み込む監視の対象となる。一挙手一投足が監視され、しばしば制限される。隣人はお互いに、学生は教師や仲間の学生をスパイするよう奨励され、しばしば報奨金が支払われる。

中国政府の「社会的信用システム」は、さらに混乱を引き起こすと予想される。中国のインターネット／モバイル企業の百度《バイドゥ》とテンセントは、表現の自由とプライバシー保護について、世界ワースト2位と3位と評価された（2019年版デジタル著作権に対する説明責任評価指数ランキングRanking Digital Rights）。プライバシー分野では、第三者によるユーザー情報の要求への対応プロセス、第三者によるユーザー情報の要求のデータ、および第三者によるユーザー情報の要求に関するユーザーへの通知を開示せず、両社がプライバシー権をどう保護しているか、大きな懸念が生じている。

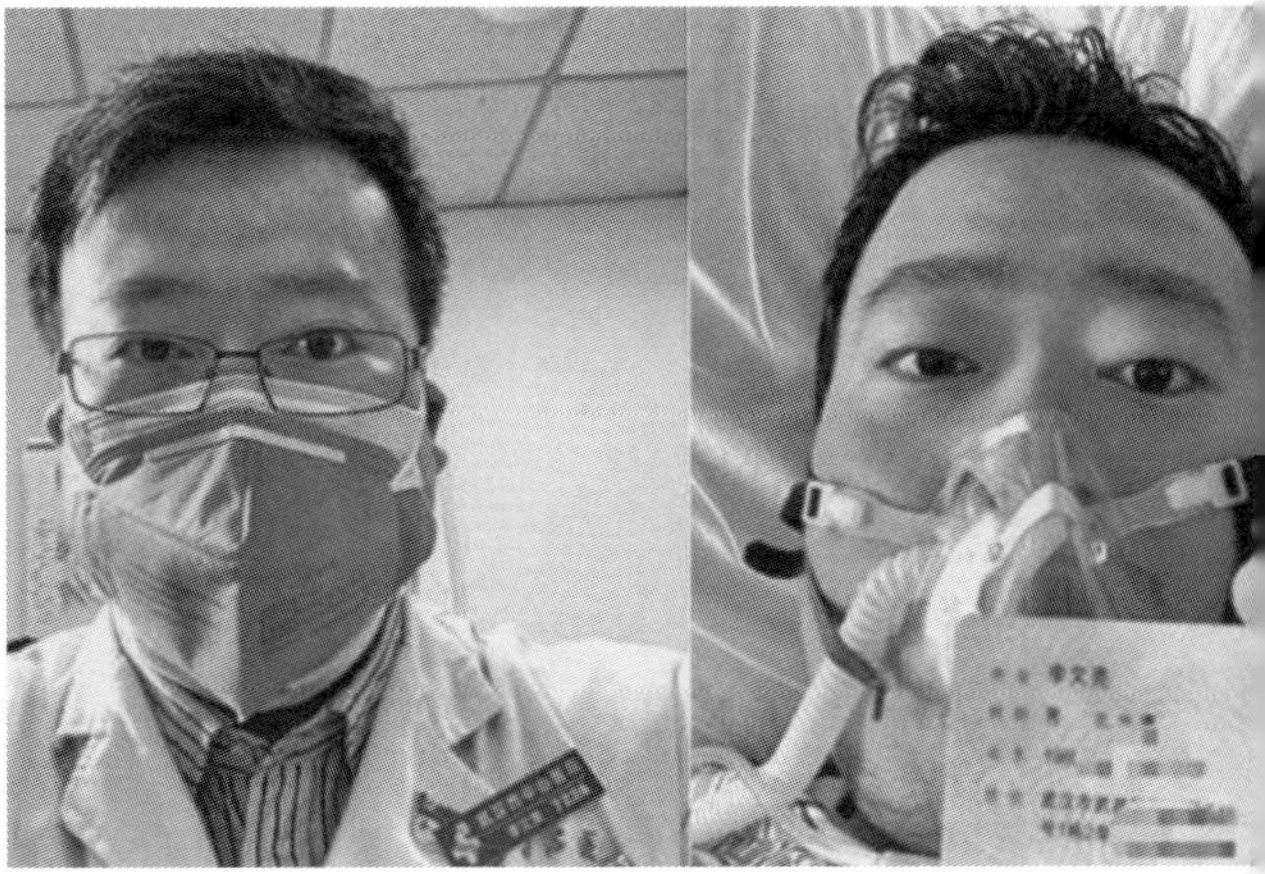

中国で新型コロナウイルス感染症の内部告発を行った人たち：(右) 口止めされ、後にウイルスに感染して亡くなった李文亮医師／(左)新型コロナウイルス感染症の検閲に対する不満をメディアに伝えた後、行方不明になった艾芬医師
出典:Reports Without Borders/AsiaNews

90 新型コロナウイルス感染症への対応

チベット人は一般的に、特に農村部では医療施設へのアクセスが容易ではない。さらに、釈放された元チベット人政治犯は、生活保護の下で医療を受けることができない。中国政府は、新型コロナウイルスの発生を口実に、チベット人をさらに弾圧しようとしている。

チベット人は「二重の監禁」状態にあり、その目的は「予防と治療」ではなく「抑圧と服従」である。中国政府は、医療従事者を派遣する代わりに軍人を派遣し、検温装置の代わりに銃や手榴弾を送り、保健センターを設置する代わりに軍のテントや掩蔽壕《えんぺいごう》を設置している。また、中国はチベット人の新型コロナウイルス感染者の数や死亡者数などの情報を隠している。新型コロナウイルス感染症は、中国がチベット人をさらに弾圧する手段として利用されているのだ。

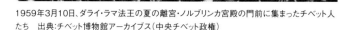

10 チベット人の蜂起と焼身自殺

1959年3月10日、ダライ・ラマ法王の夏の離宮・ノルブリンカ宮殿の門前に集まったチベット人たち　出典:チベット博物館アーカイブス(中央チベット政権)

91 1959年「チベット民族蜂起」「女性蜂起」

チベットへの不当な侵略と不法占拠以来、全国のチベット人は中国共産党政府に抵抗してきた。残忍な弾圧、殺害、逮捕、拷問、拘留死、略式処刑にもかかわらず、チベット人は中国共産党の抑圧的な政策に抗議して何度も立ち上がった。１９５９年3月10日、中国軍がダライ・ラマ法王を観劇に招待したのを拉致の策略とみたラサ市民ら数万人が集結して軍と衝突。ダライ・ラマ14世のインド亡命につながる「チベット民族蜂起」が起きる。インドに逃れたチベット亡命政権は3月10日を「民族蜂起記念日」としている。さらに3月12日、ラサのポタラ宮の前にチベット人女性数千人が中国の圧政への抗議で集まった。共産党軍が出動し、女性数百人がその場で殺害、1千人以上が逮捕された。チベットではこの

中国の支配に反対するチベットの僧侶ジャンパ・テンジン氏とデモ隊（1987年、チベット首都ラサにて）
出典：チベット博物館アーカイブス（中央チベット政権）

日を「女性蜂起記念日」と定めた。

92 1987年の蜂起

1987年9月27日、中国の支配に反対するラサでの抗議デモが初めて国際的に報道された。デモはデプン僧院の21人の僧侶に率いられ、すぐに約100人の一般市民が加わった。デモ隊が『チベット自治区』政府の事務所に到着すると、警察が僧侶全員と5人の一般市民を逮捕した。翌10月1日の中国国慶節には、セラ僧院の23人を含む34人の僧侶が、禁止されているチベット国旗を持ち、チベット独立のスローガンを叫びながら、ジョカン寺を囲むバルコル通りを行進した。約50人の一般のチベット人も加わった。彼らが4周目に入ったところで警官がデモ隊を殴り始め、僧侶全員と約30人の一般参加者が逮捕され、ジョカン南西の角にある警察署に連行された。その後、約2千人のチベット人が彼らを解放しようと警察署に押し寄せ、警察が発砲、少なくとも7人が死亡し、多くが逮捕された。同月6日にも、デプン僧院の僧侶約50人によるデモが起き、『チベッ

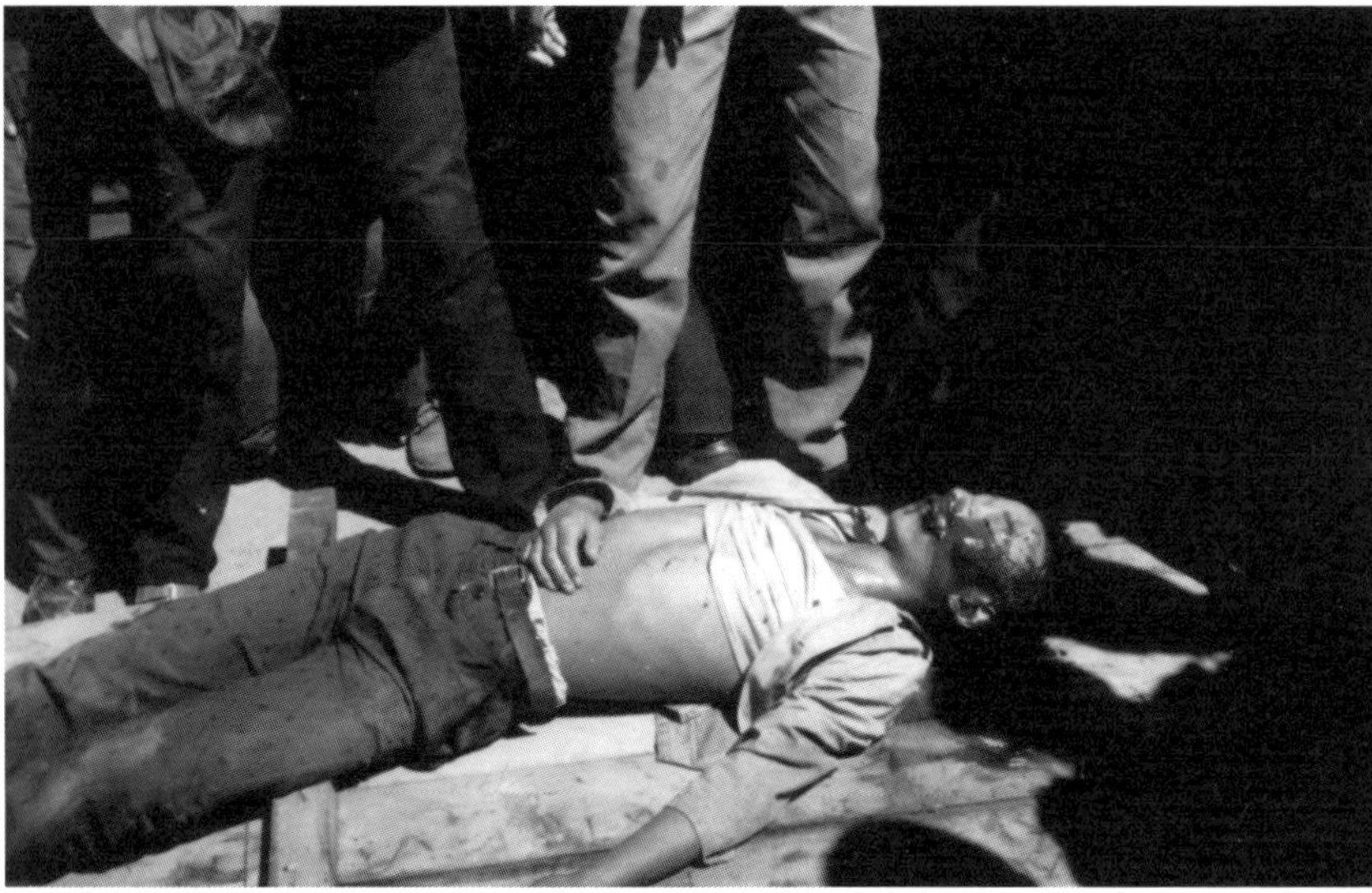

1987年10月1日、ラサでのデモ中に中国の武装警察に射殺されたチベット人・クンセル氏
出典:チベット博物館アーカイブス(中央チベット政権)

ト自治区』政府事務所に行き同僚の釈放を求め、またチベット独立を求めるスローガンを叫んだ。数分後、警察が到着し、逮捕された僧侶たちはベルト、棒、ライフル銃、金属棒などで激しく殴られた。僧侶たちは2日後に釈放され、その後もラサでは何度か小規模なデモが行われた。

これらのデモはすべて、長年にわたる中国共産党政権の支配下で、チベット人は幸せではなかったという事実を明確に示している。中国共産党指導部は、チベット人の不満に目を向けるどころか、反乱を残酷に弾圧し、そのため多くの人が逮捕され、拷問を受けた。中国はチベットの繁栄と発展を主張しているが、チベット人にとっては、長い年月にわたる占領と残虐行為でしかない。

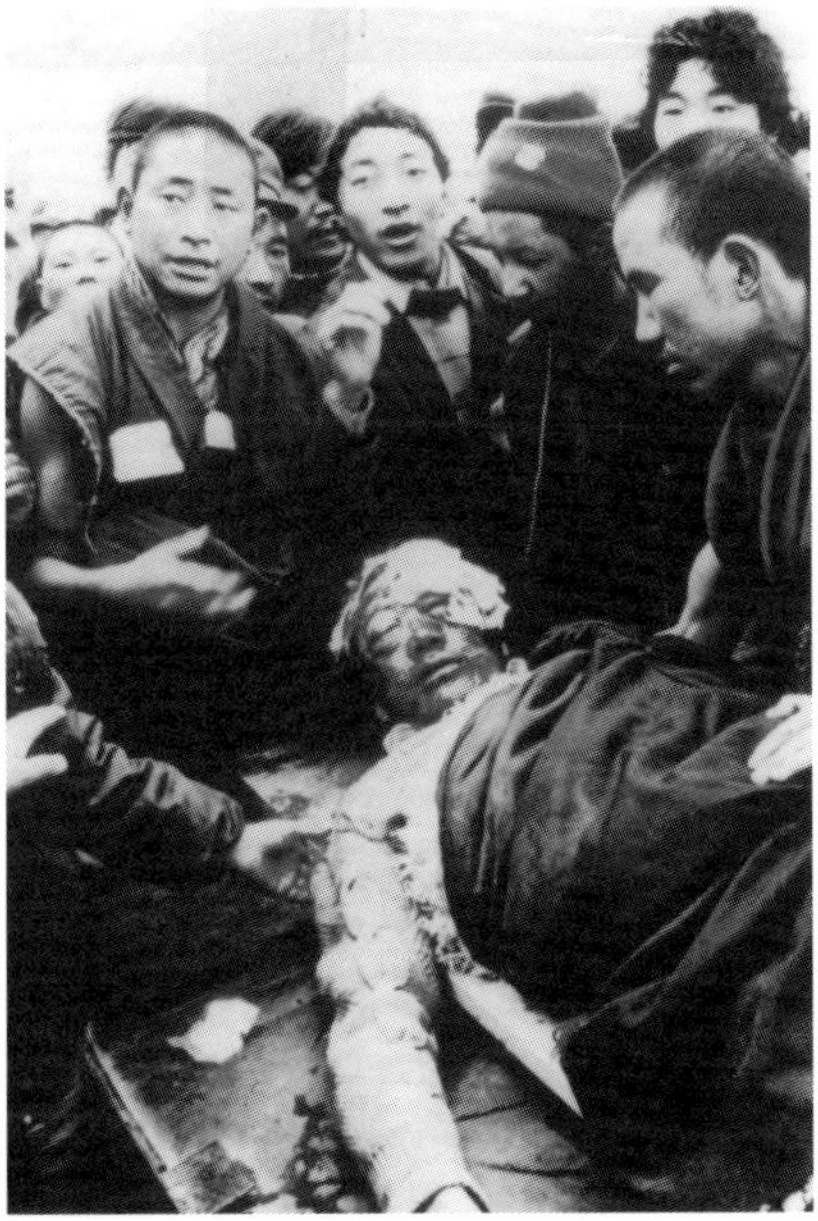

平和的なデモの最中に、中国の治安部隊によって射殺されたチベット人・パルジョル氏。ラサ、1988年3月撮影　出典:チベット博物館アーカイブス(中央チベット政権)

93　１９８８年の蜂起

１９８８年12月、当時共産党ナンバー3だった喬《きょう》石《せき》が『チベット自治区』を訪問し、中国の支配に対するあらゆる抗議活動を「容赦なく弾圧する」と発表すると、同12月10日、ジョカンで大規模なデモが行われ、中国の治安当局は少なくとも15人のデモ参加者を殺害し、１５０人以上に重傷を負わせた。さらに多くの人が逮捕された。目撃した欧米のジャーナリストによると、ある警官が部下に「チベット人を殺せ」と命令しているのが聞こえたという。

チベット人は自国で2級市民になってしまい、チベット語、文化、宗教、アイデンティティは蔑《ないがし》ろにされた。抑圧されたチベット人の感情が、１９８８年の蜂起で爆発したのだ。

中国のチベット人への不当な扱いは、自国民に対するものとは言いがたく、チベットは中国の一部ではないことの証左である

3日間の激しい抗議デモの後、中国はラサに、1989年3月7日から1990年6月まで戒厳令を布いた
出典:中央チベット政権「The Burning Question」

94　１９８９年の蜂起

１９８９年3月5日から7日にかけて、ラサは再び混乱に陥った。非合法のチベット国旗を振り、独立を要求するデモ隊が現れたためだ。鎮圧の際には自動小銃が発砲され、民家の中まで銃弾が撃ち尽くされた。死亡者数は、推定80～４００人だが、中国の公式発表では11人となっている。この時期、ラサに滞在していた中国人ジャーナリストの唐達献《タンダーシエン》氏によると、虐殺されたチベット人は約４００人、負傷者は数千人、投獄されたチベット人は3千人にのぼるという。１９８９年3月7日午前0時、ラサに戒厳令が発令された。

1993年のデモ開始当初、人々は物価上昇に反対するデモを行っていたが、後にチベットからの中国人追放を求めるようになった　出典:チベット博物館アーカイブス(中央チベット政権)

95　1993年の蜂起

1993年5月24日、大勢のチベット人が再び街頭に立った。観光客を含む目撃者の証言によると、この日は1万人以上のデモ隊が集結したという。2日間にわたって続いたこのデモは、夕暮れ時に帰路につく際、再び残忍な力で鎮圧された。

中国共産党政権のチベット人に対する差別的な政策がこのまま続くのであれば、チベット人は常に不正と抑圧に立ち向かい続けることだろう。

もし中国が、チベットを中国の一部だと言うのならば、チベット人の心情や文化、宗教を尊重するべきである。中国は、チベットが歴史的にも政治的にも中国の一部であったことはないという事実を受け入れなければならない。

2008年3月、チベット人の平和的な抗議活動を弾圧するため、ラサとその周辺地域に多数の武装警察隊が展開された
出典:中央チベット政権「The Burning Question」

96　２００８年の蜂起

２００８年に開催される夏季オリンピックによって、中国に国際的な注目が集まる中、２００８年３月10日にラサで始まった抗議活動は、チベット民族蜂起の日から49周年を迎え、中国政府によるチベット国内での深刻な人権侵害と正義を求めるチベット人の闘いを世界に知らしめることになった。

２００８年の蜂起は、ラサを越え、中央チベット以外のチベット地域にまで広がっていった。庶民、農民、遊牧民、学生など様々な立場のチベット人が参加し、この期間に３００以上の抗議活動が行われたとされる。

上から時計回りに）2008年北京オリンピック前にチベット人の声を撮影したドキュメンタリー映画「ジグデル～恐怖を乗り越えて」（監督:ドンドゥップ・ワンチェン）のスクリーンショット／オリンピックを望まない理由として、チベット人としての自由の欠如を訴えるチベット人僧侶／天然資源の獲得という下心から、中国政府がチベット人に土地を移転させせようとしていると語るチベット人遊牧民／北京オリンピックにチベット人が参加できないことを嘆くチベット人男性／北京オリンピックを望まない理由は、自由と独立性の欠如を訴えるためというチベット人女性／ドンドゥップ・ワンチェン氏と彼の協力者ジグメ・ギャッツオ氏は、映画完成後すぐに逮捕された
出典:2008年「ジグデル～恐怖を乗り越えて（Leaving Fear Behind）」

2008年4月9日、アムド州ラブランで、禁止されているチベット国旗と、「我々には言論の自由がない」と書かれた横断幕を持って抗議するラブラン・タシュキル僧院の僧侶たち　出典:中央チベット政権「The Burning Question」

97 抗議活動への大弾圧

２００8年3月10日の「民族蜂起記念日」に、デプン僧院の３００人以上の僧侶グループが、抗議活動をラサのバルコルに向けて開始した。デモ隊が中国人民武装警察の大部隊に制止されると、僧侶たちは座り込んで抗議を行い、ダライ・ラマ法王の長寿を祈願した。その約30分後、セラ僧院の僧侶たちも禁止されているチベット国旗を持ち、パンフレットを配布して抗議活動を行った。

この日のデモ以降、２００8年には大小合わせて３４４件の抗議活動が発生したと言われている。中国の治安部隊の銃弾により多くのチベット人が殺害され、少なくとも６５００人のチベット人が逮捕され、１９０人のチベット人が9ヶ月から無期懲役の刑に処せられたことがわかっている。

（上）2008年3月10日、抗議するデプン僧院の僧侶たちを中国の武装警察が阻んでいる／（下）2008年3月16日、抗議するチベット人学生たち　出典：チベット博物館アーカイブス（中央チベット政権）

2012年6月20日、アムド州ユシュルで焼身自殺したンガワン・ノルフェルとテンジン・ケドゥプ
出典:中央チベット政権「The Burning Question」

98 焼身抗議

２００９年以降チベットでは、中国共産党の抑圧的な政策に非暴力的に抗議するため、１５５件のチベット人の焼身自殺が確認されている（内訳は男性１２９人、女性26人）。中国共産党政府によるチベットへの不法な侵略と占領に対する抵抗の行為として、老若男女、さまざまな立場のチベット人が焼身自殺をしている。焼身自殺者の年齢は15歳から64歳までと幅広く、最年長のタムディン・タール氏はアムドのチェンツァ郡の64歳、最年少のドルジェ氏はゴマン地区のアバ・ツォドゥン村の15歳だった。タムディン・タール氏は２０１２年６月15日に、ドルジェ氏は２０１２年11月７日に、それぞれ抗議活動後に死亡した。

焼身抗議者数の年別のデータ

年	焼身自殺件数	死亡者数	現状不明	その他
2009	1	0	0	生き延びたが、深刻な火傷を負い、消息不明
2011	12	8	0	2人が体の一部を切断、1人に懲役5年(共に消息不明)
2012	85	74	9	1人は体の一部を切断、1人に懲役5年(共に消息不明)
2013	26	25	1	
2014	11	9	1	1人は重体で入院。消息不明
2015	8	8	0	
2016	3	3	0	
2017	6	3	3	
2018	2	2	0	
2019	1	1	0	

出典：中央チベット政権まとめ

99 スローガン、最後の言葉、そして遺言

自分の体に火をつける時、焼身自殺する者たちは「チベットに自由を」「ダライ・ラマ法王のチベット帰還を求める」などのスローガンを掲げた。ほぼ全員がこのスローガンを掲げ、一部の者は、中国政府によるチベット人のアイデンティティや宗教、言語を脅かす「抑圧的な政策」に対する抗議行動であること、ダライ・ラマ法王のチベット帰還を求めるものであることを記したメモや録音メッセージを残している。

チベット遊牧民女性テンジン・ツォ氏
写真提供:Woeser

テンジン・ツォ氏は23歳の遊牧民の女性で、両親と7歳の息子と一緒に暮らしていた。2012年11月7日、中国共産党第18回全国大会が開かれる前に、同仁県で焼身自殺した。彼女は父に遺言を残した。「お父さん、チベット人でいることはとても難しく、私たちはダライ・ラマ法王の肖像に祈りを捧げることすらできません。私たちには自由が全くありません……」

チベット人作家グドゥルプ氏
出典:中央チベット政権「The Burning Question」

2012年10月4日、チベット東部ナクチュで43歳で焼身自殺した**グドゥルプ氏**は、インド・ダラムサラのシェラブ・ガツェル・ロブリング・スクールで学び、2005年に学業を終えて祖国に戻り、作家として活動していた。「ダライ・ラマ法王を否定できず、中国のチベット支配を受け入れないチベット人は、密かに殺されたり、行方不明にされます。その結果、私たちは非暴力運動を研ぎ澄まし、チベットの自由を求めて自分の体を焼くことで、チベットの厳しい現実を世界に布告しているのです」

ソナム氏は24歳の学生、**チュパックギャップ氏**は25歳の学生で、2012年4月19日、2人は四川省壌《ザム》塘《タン》県の大僧院の異なる場所で焼身自殺した。以下はYouTubeで公開された彼らの最後の言葉。「チベット人は独特の宗教と文化を持っています。国民は他者に敬意を払い、愛と慈悲心を持ちます。しかし、チベットは中国に侵攻され、抑制され、搾取されています。私たちは、私たちの悲惨な現状と基本的人権の欠如を訴え、世界平和のために焼身します。基本的人権を剥奪《はくだつ》されたチベット人の苦しみは、私たちの焼身自殺よりもはるかに辛いものです」

チベット人学生ソナム氏
出典:中央チベット政権「The Burning Question」

妻と2人の娘を残し、**ラモ・キャブ氏**は2012年10月20日、アムド州カンロ市サンチュ郡ボラ僧院近くで焼身自殺した。ボラ僧院は、2012年3月20日に中国の支配に反対する大規模な抗議活動の舞台にもなった場所。27歳の彼は火を消そうとした警察官を振り切り、僧院に向かって走った後、倒れ伏して死亡した。「中国人は我々を平和に暮らさせてくれない、死んだ方がいい、死んだ方がましです」

10歳と7歳の2人の娘の父、ラモ・キャブ氏
出典:中央チベット政権「The Burning Question」

別名ソパ・リンポチェとしても知られた僧侶トゥルク・ソナム・ワンギャル氏
出典：中央チベット政権「The Burning Question」

2012年1月8日、42歳の僧侶**トゥルク・ソナム・ワンギャル氏**は、アムドのゴロク・ダーラックで焼身自殺した。彼は僧院のラマ長で、これまで抗議の焼身自殺を行った最高位の宗教家である。行動に先立ち、彼が掲示したビラには、「21世紀になっているのに、今年は多くのチベットの英雄たちが亡くなりました。私は自分の体を犠牲にして、生身の肉体で彼らと連帯します。これは個人的な名声や栄光のためではありません」と書かれていた。

46歳で焼身自殺した元僧侶テンジン・プンツォク氏
出典：中央チベット政権「The Burning Question」

2011年12月1日、チベット東部のチャムドで焼身自殺を図ったカルマゴン僧院の元僧侶、**テンジン・プンツォク氏**は、致命的なけがを負い、同月6日にチャムドの病院で亡くなった。同年10月にチャムド地方政府の建物で爆弾の爆発騒ぎがあり、軍による封鎖と同僧院幹部が拘留されたことに抗議する焼身自殺だった。事件後、2人の子供を残し、彼の妻も拘束され行方不明となった。彼の遺書には「チベット全土の苦しみ、特にカルマゴン僧院での苦しみを考えると、私は生きていくことができません」とあった。

2012年2月19日、チベット東部のアバ、ザムタン郡のザムタン・ジョカン僧院前で、18歳の**ナングドロル氏**が焼身自殺した。遺書には「チベットの人々が中国の圧政から解放されますように。中国の支配には計り知れない苦しみがあり、耐え難いものです。中国による占領、過酷な支配、跡を残さない拷問に、これ以上耐えられません。無慈悲な中国人はチベット人を結局根絶やしにするでしょう」とあった。

わずか18歳で焼身自殺したナングドロル氏
出典:中央チベット政権「The Burning Question」

2012年6月20日、牧童で元僧侶の**テンジン・ケドゥプ氏**24歳と、**ンガワン・ノルフェル氏**22歳が、アムド州ユシュルのザトで、禁止されたチベット国旗を持ち、一緒に焼身自殺した。インターネットに残されたビデオメッセージには「すべての民族には、自由、言語、伝統が必要です。もし私たちがそれらを持たないとすれば、それは非常に恥ずかしいことです」との語りが残されていた。

22歳で焼身自殺したンガワン・ノルフェル氏
出典:中央チベット政権「The Burning Question」

（右）アバ・キルティ僧院の27歳の僧侶タペイ氏は、2009年、中国の圧政に抗議して自分に火をつけた、チベット国内で初の焼身自殺者
（左）2009年2月27日に焼身自殺を図ったタペイは、僧院近くに駐留していた武装警察に銃で撃たれた。その後、彼は非公開の場所に連れて行かれ、今なお安否不明のままである
出典：中央チベット政権「The Burning Question」

東トルキスタン（中国新疆ウイグル自治区）・ポスカムの施設にある新しい拘置所の写真は、チベットの古い拘置所を彷彿とさせる　出典：The Xinjiang Data Project.

（左）2015年7月9日に26歳で焼身自殺をした僧侶ソナム・トプギャル氏　（右）2011年11月3日に焼身自殺をした尼僧パルデン・チュツォ氏　いずれも出典：チベット博物館アーカイブス（中央チベット政権）

100 苦難は続く

中国の武漢市で初めて検出された新型コロナウイルス感染症の世界的な大流行に世界が震撼する中、チベット人は「二重の監禁」状態の中で苦しみ続けている。チベットにおけるチベット人の感染者数、死亡者数、回復者数、ワクチン接種数などについて、検証可能な情報はない。チベット人は、基本的な人権を奪われ続けている。フリーダムハウスの２０２１年の報告書では、チベットは再び世界で最も自由度の低い地域に分類され、得点は１００ポイント中１ポイントと評価された。チベットの状況は、現在進行中の多面的な内戦に直面しているシリアの状況に似ていると考えられている。チベットの評価は、ソマリアや北朝鮮よりも劣っている。

厳しい弾圧にもかかわらず、チベット人はあきらめずに中国化に抵抗し、自分たちの言語、文化、アイデンティティを守るために努力を続けている。彼らは命をかけて抗議活動を続け、国際社会に彼らを支持するよう求めている。

おわりに　歴史は繰り返す

中国共産党は、チベット人に対して用いられてきたのと同じ戦略を、今ではウイグル人、キリスト教徒、南モンゴル人、香港人を抑圧するために用いている。中国共産党は、数百万人のウイグル人やその他のトルコ系イスラム教徒を強制収容所や強制労働所に入れようとしているが、これは1950年代以降にチベットで実験され、完成した方法である。香港での香港国家安全維持法の導入、香港に関する英中共同声明の違反、抗議行動の残忍な鎮圧は、中国がチベットに突きつけた17ヶ条協定の不履行と、それに続く反乱の残忍な鎮圧を思い出させた。

チベットへの侵攻により、アジアの2つの大国、中国とインドは国境を接する隣国となった。緩衝地帯としてのチベットが無くなったことで、中国の拡張主義的な計画は各地の安定を脅かしている。中国は現在、国境侵犯や根拠のない領有権の主張を行い、インド、ネパール、ブータン、その他の近隣諸国への領土拡大を目指している。また、中国は、常設仲裁裁判所の判決にもかかわらず、南シナ海のフィリピンなど諸国の海域での領有権を主張している。

中国共産党は、「一帯一路」構想を通じて、成長のための言語を採用し、各国を北京に屈服させ、人権問題や環境問題など、自国の強い価値観や主権を妥協させるように仕向けている。

共産党政権の下で、中国は国際的な平和と安全に対する脅威となっており、このような国とのいかなる貿易関係も、抑圧のための経済的原動力となるだけである。

今日、世界は、中国が平然と行っている人権侵害のために、かつてないほどの混乱と苦しみに陥っている。新型コロナウイルスの世界的な大流行の影響を直接または間接的に受けていない人は、世界中に一人もいない。中国は、国際社会の一員として、ウイルスの発生について世界に警告する基本的な義務があった。それにもかかわらず、中国は初期の段階で、李文亮《りぶんりょう》医師や艾芬《あいふん》医師といった自国の医師を弾圧することを選び、ウイルスの発生について世界に嘘をつき続けた。中国政府は、ウイルスを解き放ったわけではないにしても、武漢で発生した新型コロナウイルス感染症による世界的なパンデミックを引き起こしたことには間違いなく責任がある。

もし、世界の強国がチベット問題に関してより強い姿勢をとっていたならば、チベット人の継続的な苦しみや、ウイグル人や香港人への弾圧は避けられたかもしれない。さらなる苦しみの拡大を防ぐために、世界は、中国が国際的な場で攻撃的な姿勢を取り、しばしば脅迫、強要、工作を行い、平和的共存を含む普遍的な価値を損なっていることに注意を払わなければならない。

2019年、香港で民主化を求めるデモが行われたが、当局は徹底的に抑え込み、一国二制度は事実上崩壊した
出典:Council for European Studies.

【出典／参考資料一覧】

Central Tibetan Administration（中央チベット政権）2018.Tibet Was Never A Part of China But The Middle Way Approach Remains A Viable Solution. Dharamshala: Department of Information and International Relations.

Central Tibetan Administration（中央チベット政権）2017.Cultural Genocide in Tibet: A Report. Dharamshala: Tibet Policy Institute.

Central Tibetan Administration（中央チベット政権）2001.Tibet Under Communist China. Dharamshala: Department of Information and International Relations.

The Scientific Buddhist Association for the United Nations Commission. 1990. Tibet: The Facts. Dharamshala: Tibetan Young Buddhist Association.

Central Tibetan Administration（中央チベット政権）2007. Tibet: A Human Development and Environment Report. Dharamshala: Environment and Development Desk of Department of Information and International Relations.

Central Tibetan Administration（中央チベット政権）2018.Central Tibetan Administration's Response to the People's Republic of China's White Paper on Tibet's Ecology, 2018. Dharamshala: Department of Information and International Relations.

Human Rights Watch（ヒューマン・ライツ・ウォッチ）2018. Illegal Organizations': China's Crackdown on Tibetan Social Groups. Human Rights Watch.

International Commission of Jurists（国際法律家委員会）1997. Tibet: Human Rights and the Rule of Law. Geneva: International Commission of Jurists.

International Campaign for Tibet（インターナショナル・キャンペーン・フォー・チベット）2019.State Department 2018 Human Rights report exposes "severe" and "significant" restrictions in political participation and freedom of movement in Tibet. ICT.

パンチェン・ラマ10世.1962.「7万字の請願書」

Zenz, Adrian（エイドリアン・ゼンツ）2020. Xinjiang's System of Militarized Vocational Training Comes to Tibet（新疆の軍隊式職業訓練制度がチベットに上陸）China Brief Volume 20 Issue 17: pg. 7-17.

Zenz, Adrian & Leibold, James. Chen Quanguo: The Strongman Behind Beijing's Securitization Strategy in Tibet and Xinjiang.China Brief Volume: 17 Issue 12.

【著者略歴】

チベット亡命政権

1959年に亡命したダライ・ラマ法王14世がインドに樹立した政権。1960年から北インドのダラムサラに拠点を構える。チベットの自由を求める政策を推進すると同時に、13万人にもおよぶチベット難民の福祉を守っている。2011年、ダライ・ラマ法王14世は、民主的な選挙によって選ばれた首席大臣(シキョン)に政治的権限を委譲した。政権は、チベットの独立は求めず、高度な自治を求める中道政策を推進している。

【訳者略歴】

ダライ・ラマ法王日本代表部事務所(チベットハウス・ジャパン)

インド・ダラムサラにあるチベット亡命政権およびダライ・ラマ法王の日本・東アジアにおける唯一の公式代表機関。チベットハウスはダライ・ラマ法王日本代表部事務所文化部の別称。チベットの情勢、国際状況、ダライ・ラマ法王の活動などの情報を提供するために、3ヶ月ごとの広報誌『チベット通信』の発行をはじめ、ホームページの運営、各種の広報文化活動を展開している。本書掲載の写真はすべてダライ・ラマ法王日本代表部事務所の提供による。

チベット侵略　中国共産党１００の残虐行為

2021 年 12 月 28 日　第 1 刷発行

著者　チベット亡命政権 ジュネーブ支局

発行者　大山邦興
発行所　株式会社　飛鳥新社
〒 101-0003
東京都千代田区一ツ橋２－４－３　光文恒産ビル
電話　03-3263-7770（営業）
03-3263-7773（編集）
http://www.asukashinsha.co.jp

装幀　神長文夫＋松岡昌代
図表作成　ハッシイ

印刷・製本　中央精版印刷株式会社

ISBN 978-4-86410-861-4

原著：100 Atrocities of CCP in Tibet: A Handbook on history of CCP's atrocities on its 100th Year
English version published by:The Tibet Bureau
Place de la Navigation 10 CH-1201 Geneva
Phone: +41-22-7387940 Fax: +41-22-7387941
Email: info@tibetoffice.ch Web: www.tibetoffice.ch

日本語訳と編集：アリヤ・ツェワン・ギャルポ、鈴木 サチ、渡辺 直子
Japanese Translation & Edit: Arya Tsewang Gyalpo, Suzuki Sachi & Watanabe Naoko
日本語版監修：チベット・ハウス・ジャパン　ダライ・ラマ法王日本代表部事務所
〒 160-0031　東京都新宿区西落合 3 丁目 26 － 1
TEL：03-5988-3576　FAX: 03-3565-1360
Email: tibethouse.jp@tibet.net Web: www.tibethouse.jp

編集担当　工藤博海